U0936618

（珍藏版）

《深度军事》编委会◎译注

清華大學出版社
北　京

内容简介

本书对《三十六计》原文进行了深度解析，并精心列举了古代战争中的经典战例，以及现代社会中的实践案例。书中重点分析了我国古代的多场代表性战争，并在还原真实战争进程的同时，阐释了三十六计与这些战争的关系。与此同时，还对三十六计在现代社会非军事领域的应用情况进行了解读。

本书适合想要掌握一定国学和军事知识的读者，也可供资深军事爱好者借鉴和收藏，同时也可作为青少年国防教育的科普读物。

图书在版编目(CIP)数据

三十六计：珍藏版 /《深度军事》编委会译注 . —北京：清华大学出版社，2019（2023.4 重印）

ISBN 978-7-302-52365-9

Ⅰ . ①三…　Ⅱ . ①深…　Ⅲ . ①兵法－中国－古代　Ⅳ . ① E892.2

中国版本图书馆CIP数据核字（2019）第039025号

责任编辑：李玉萍
封面设计：陈国庆
责任校对：张彦彬
责任印制：丛怀宇
出版发行：清华大学出版社
　　网　址：http://www.tup.com.cn，http://www.wqbook.com
　　地　址：北京清华大学学研大厦A座　　**邮　编**：100084
　　社 总 机：010-83470000　　**邮　购**：010-62786544
　　投稿与读者服务：010-62776969，c-service@tup.tsinghua.edu.cn
　　质 量 反 馈：010-62772015，zhiliang@tup.tsinghua.edu.cn
印 装 者：三河市东方印刷有限公司
经　销：全国新华书店
开　本：146mm×210mm　　**印　张**：6.5　　**字　数**：207千字
版　次：2019年7月第1版　　**印　次**：2023年4月第9次印刷
定　价：35.00元

产品编号：076183-01

前言 PREFACE

《三十六计》是一部影响较大、流传甚广的兵书，它集历代兵家诡道之大成，总结了以往战争中施计用诈的实践经验，包含朴素的军事辩证法思想。

“三十六计”一词，语源于南北朝。《南齐书·王敬则传》记载：“敬则曰：‘檀公三十六策，走是上计，汝父子唯应急走耳。’”这里的“檀公”就是指南北朝时期著名的军事家檀道济。据此，“三十六策，走是上计”出自檀道济。意思是，在败局已定，无可挽回的情况下，唯有退却，方为上策。此语后来被人沿用至今，成为众人皆知的成语。不过，该书究竟为何人何时所撰，难以确考，一般认为此书是在明末清初之际积累成书的。

虽然《三十六计》是铁器时代的斗争智慧，但在今时今日的应用地位却并不比古时低多少。该书已经突破了军事领域，广泛运用于政治、经济、外交、生活等各个领域，成为人们克敌制胜的法宝和国内外家喻户晓的著作。

本书对《三十六计》原文进行了深度解析，并精心列举了古代战争中的经典战例，以及现代社会中的活用案例。原文以历代权威的著作为底本，准确可靠；注释兼综百家之长，充分反映学界研究成果；译文精致、流畅，严格忠实于原著；编者解读揭示了原著精蕴，有助于读者了解古代智慧的实际应用；每一篇都有精心挑选的古代战例和现代案例，读者可以通过对成功与失败实例的对比，全面了解《三十六计》的精髓。本书配图严谨、恰当，与文字一一对应，还收录了多幅传统名画。

本书是真正面向军事爱好者的基础图书，特别适合作为广大军事爱好者的参考资料和青少年朋友的入门读物。全书由资深军事团队编写，力求内容的全面性、趣味性和观赏性。

本书由《深度军事》编委会译注，参与本书编写的人员有阳晓瑜、陈利华、高丽秋、龚川、何海涛、贺强、胡姝婷、黄启华、黎安芝、黎琪、黎绍文、卢刚、罗于华等。对于广大资深军事爱好者，以及有意了解国防军事知识的青少年，本书不失为最有价值的科普读物。希望读者朋友们能够通过阅读本书循序渐进地提高自己的军事素养。

第 1 章　胜战计

第 2 章　敌战计

第 3 章　攻战计

第 4 章　混战计

第 5 章　并战计

第 6 章　败战计

参考文献

第 1 章　胜战计

胜战计是《三十六计》的第一套计谋，包括瞒天过海、围魏救赵、借刀杀人、以逸待劳、趁火打劫和声东击西六计。胜战计是己方处于绝对优势地位时使用的计谋。当己方占据战场上的主动权时，如果能审时度势地使用胜战计，便可在收获胜利的同时尽量减少己方损失。

第一计　瞒天过海

【原　文】

备周则意怠①，常见则不疑。阴在阳之内，不在阳之对②。太阳，太阴③。

【注　释】

①备周则意怠：防备十分周密，往往容易让人斗志松懈，削弱战斗力。
②阴在阳之内，不在阳之对：阴阳是中国古代传统哲学和文化思想的基点，其思想笼罩着大千宇宙、细末尘埃，且影响到意识形态的一切领域。阴阳学说把宇宙万物作为对立的统一体来看待，表现出朴素的辩证思想。阴、阳二字早在甲骨文、金文中出现过，但作为阴气、阳气的阴阳学说，最早是由道家始祖老子所倡导，并非《易经》提出。此计中所讲的阴指机密、隐蔽；阳，指公开、暴露。阴在阳之内，不在阳之对，在兵法上是说秘计往往隐藏于公开的事物里，而不在公开事物的对立面上。
③太阳，太阴：相传伏羲以阴阳集成八种图形，即八卦。周文王又将其推演为六十四卦。阴阳在军事上涉及的范围十分广泛，无论是阴、晴、雨、雪等天时气象，还是山川湖泽等地理形态，又或是攻防进退等战略战术，都可以分为阴阳相对的关系。一般来说，柔、暗、后、奇、虚等为阴，刚、明、先、正、实等为阳。阴中寓阳，阳中隐阴，二者可以互相转化，阳发展到极端必然转化为阴，阴发展到极端必然转化为阳。

【译　文】

防备周密，往往容易导致人的思想麻痹、意志松懈；常见的事情就不会产生疑惑（以致丧失警惕）。密谋就隐藏在公开的行动之中，并不是与公开行动相对立的。公开的行动当中往往隐藏着最秘密的计谋。

编者解读

“瞒天过海”是指故意使用伪装的手段反复迷惑、欺骗敌方，制造公开的假象，使敌方失去警觉，然后突然行动，从而获得出奇制胜的效果。

此计的关键在于“瞒”，瞒得过就万事大吉，瞒不过则弄巧成拙。当然，“瞒”并非此计的最终诉求，而是达成“过海”目的所需的必要手段。

需要注意的是，“瞒天过海”不能与“欺上瞒下”“掩耳盗铃”等混为一谈，更不能与那些鸡鸣狗盗之徒的做法相等同。虽然，“瞒天过海”和“欺上瞒下”在某种程度上都具有欺骗性，但其动机、性质、目的并不相同。“瞒天过海”的成功取决于它所采取的战略、方针，是有鸿鹄大志之士的谋事之道，称得上妙计。

在军事上，“瞒天过海”是一种示假隐真的疑兵之计。它意在利用人们习以为常的心理进行战役伪装，隐藏军队的集结和进攻企图，从而把握时机，实现预期目标。“瞒天过海”主要依靠指挥官对外界事物的掌握，因地制宜，利用手边的现有物资和天然屏障并放出真真假假、虚虚实实的消息，从而达到迷惑对方的目的。

当敌人使用“瞒天过海”之计时，我们要积极采取防范措施，以免自己陷入被动。首先，对于任何事物都要透过现象挖掘它的本质。所有的隐藏都不会是完美无缺的。我们完全可以通过敌人的异常表现，提高警觉，并顺着身边的一切反常情况追寻可能隐匿在公开事物里的阴谋。凡事要尽可能见微知著，尤其不要放过习以为常的人或事，才不会被表面的假象所误导，进而努力确定敌人的真实意图，防备敌人的蒙蔽。其次，要尽可能地针对敌人的企图作出反应，制定有效的遏制对策。尤其当敌人的阴谋和行动方向有所变化时，一定要及时作出完备的信息反馈。防微杜渐，切不可视而不见、听而不闻，做到在有利的时机给敌人以反击，以免造成损失。

孙策脱离袁术

孙策自父亲孙坚死后，率父旧部退居江南，礼贤下士，以图东山再起。

可是，由于徐州牧陶谦与孙策的舅父丹阳太守吴景不睦，又深忌恨孙策，为立身计，孙策只好把母亲及家眷移居于曲阿，投靠了与陶谦为敌的袁术。

袁术得了孙策，见他英勇无敌，遣他攻克了泾县、陆康。并常叹息说：“如果我有孙策这样的儿子，死也不遗憾了。”

孙策画像

孙策在袁术处栖身久了，心中也十分郁闷。一天，他在庭中赏月，想到父亲一世英雄，而自己却沦落至此，不觉伤心落泪，扶栏大哭起来。这时，忽听背后一人大笑说：“伯符何故如此？先父在时，有事多与我策划，君今有什么难事伤心至此？”孙策回头一看，原来是先父的从事官，丹阳故鄣人朱治。孙策收住泪水，让座说：“策所哭的是恨我不能继父之志啊！”朱治问：“君为什么不向袁公路借兵，佯说去救舅父吴景，而实去江东图大业？”未等孙策答话，突然一个人闯进来说：“公等所谋，吾已知之。我手下有精壮兵马百余，可助伯符一臂之力。只恐袁公不肯借兵与你。”孙策抬头一看，原来是袁术的谋士，汝南细阳人吕范。孙策在袁术处与吕范十分交好，此刻见他仗义而来，便让座与其共议。孙策对二人说：“我

有家父留下的传国玉玺在此，以它作为质当，向袁术借兵如何？”吕范一听，拍案叫好说：“袁术欲得此物久矣！若以此物为质，他必肯借兵。”三人商议好后，便各自回去歇息。

次日，孙策去拜见袁术，一见面就哭拜在地说：“臣父仇未报，如今舅父吴景又被扬州刺史刘繇逼迫。我母亲及家眷都在曲阿，若老母再遇兵害，我还有何面目再立于世间？策请求借雄兵数千，渡江去救母难。主公若不肯信，我可留下亡父遗下的玉玺作为质当。”

袁术见孙策竟以玉玺为质来借几千兵马，心中暗自高兴，欣然应允：“我不是要你的玉玺，而是舍不得你啊！我借三千精兵，良马五百给你，你平定扬州后，可要速回来。你现在官职低微，难掌大权，我现在封你为折冲校尉，殄寇将军，即日领兵便行。”

孙策见袁术答应得如此痛快，心中暗自庆幸。当天便带领朱治、吕范，及先父旧将程普、黄盖、韩当等率兵南下。

曹丕导演“禅让”

曹丕承袭了父亲曹操的魏王爵位，还不满足，一心想当皇帝，但又不愿落个篡位的名声，于是演出了一场“禅让”戏。

曹丕先是让一般文官觐见汉献帝，说什么自曹丕袭魏王以来，“麒麟降生，凤凰来仪，黄龙出现，嘉禾蔚生，甘露下降：此是上天示瑞，魏当代汉之象”，汉献帝应该效仿古之尧、舜，以山川社稷禅让给魏王。汉献帝不忍将祖辈创建的400年江山拱手交给曹氏，曹丕又令曹洪、曹休带剑进内宫把汉献帝挟出殿来，竭尽威胁之辞，逼他让位。汉献帝为保全性命，只得令人草拟禅国之诏，并送出国玺。曹丕一见诏书和国玺，喜出望外，立即就要接受，司马懿等文武大臣劝阻曹丕，不可如此草率受禅。为了避免天下人议论，应该走一番形式，于是热热闹闹的“禅让”戏开锣了。

曹丕令人上表故作谦虚，称自己德薄才疏，请另外求大贤受嗣天位。汉献帝一见奏表，还以为曹丕是真推辞，就想趁势作罢。群臣哪里肯放过，连忙说，当初封曹操为魏王时，他也是再三推辞，陛下你三降其诏，他方才答应了。现在你也应该再次降禅位之诏，魏王曹丕肯定会应允的，不得已，汉献帝又让人第二次拟了一份禅位诏书。

曹丕见到第二道诏书，倒是满心欢喜，但又不以此为足。他认为要免

除后世说我窃国篡位之名，光有两道诏书还不行，应该筑一“受禅坛”，选择吉日良辰集大小公卿，尽到坛下，让汉献帝亲自捧着国玺交给我，到那时就可以消除别人的猜疑和天下的议论了。一想到这里，他又写了一折，辞谢受禅的奏章。汉献帝哪里知道其中原委，见他两次推辞，疑惑不定。这时一个叫华歆的大臣站出来说：“陛下你可以筑一土坛，名叫‘受禅坛’，召集满朝文武和京城百姓，选择一个良辰吉日，明明白白地禅位，一来好让天下百姓知道陛下是自愿禅让，二来你的子子孙孙也会正大光明地受到魏王恩泽，无人敢于加害。”汉献帝见事已至此，只好照此办理。于是差人在繁阳定下一块地方，筑起一座三层的高坛，选好日期，举行禅让仪式。

到了那天，受禅坛下集聚大小官僚400余人，虎威御林军30万分列前后，还有无数京城百姓。先请曹丕登坛，汉献帝亲奉国玺至台上，开读禅让的诏书，群臣在坛下跪听诏书。读完诏书，曹丕行八拜之礼，双手接过诏书和国玺，登上帝位。大小官僚在坛下立即山呼“万岁”，朝贺新皇帝。当下改延康元年为黄初元年，国号大魏。曹丕传旨，大赦天下。追封父亲曹操为太祖武皇帝。

紧接着，大臣华歆奏明魏帝说：“天无二日，民无二主，汉帝既然将天下禅让给陛下，他就应该另作安排，望陛下明确一下，将他安置在何处？”说罢，让汉献帝到坛下跪着听旨，曹丕当即封汉献帝为山阳公，当日就要起行赴任。华歆手按宝剑指着汉献帝，厉声喝道：“立一个新皇帝，废一个旧皇帝，是古来就有的常理！现在的圣上仁慈，不忍加害于你，还封你为山阳公。你快打点行李，今日就离京，若不是朝廷召见，不许回来！”此时的汉献帝打落门牙只好往肚里咽，无话可说，便叩头谢恩，上马离去。坛下军民见此情此景，也是伤感不已。早已喜不胜收的曹丕情不自禁地对群臣流露的第一句话是：“所谓舜、禹禅让，我现在算知道是怎么回事了！”

从曹操起，曹氏就把汉献帝玩于股掌之中，要立则立，要废则废，到了曹丕，废掉一个献帝，自己称帝，似乎也是易如反掌的事。但政治斗争是复杂的，为避免天下人的议论，也为避免后人的责难，曹丕才想出一条“禅让”的谋略，热热闹闹地假戏真做，以达到混淆视听，欺骗舆论的目的。不知道个中原委的局外人，往往信以为真，还有一些不太愿意接受事实的人，经他一宣传一鼓动也有可能改变态度。姑且不论曹丕的政治目的，单就他制造假象，假戏真做以迷惑他人的计谋而言，无疑是很成功的。

唐代画家阎立本笔下的曹丕画像

“风流”将军蔡锷

蔡锷是我国近代著名的爱国军事家，1911 年武昌起义后出任云南省都督，政绩颇多，因此备受群众爱戴。袁世凯窃取革命胜利果实之后，暂时还没有暴露企图称帝的野心，以致蔡锷此时还抱有为袁世凯效力的极大幻想。因此他写信给梁启超，希望调离云南，以实现自己尽忠报国的远大抱负。

而狡猾的袁世凯深知蔡锷拥有强大的军事实力，始终对他心存芥蒂，见蔡锷的念头正中他意，便于 1913 年 9 月发布命令将其调到帝都，出任参政院参政，授衔昭威将军。袁世凯意在为蔡锷升官加薪，便可以趁机将其管控在身边，帮助他实现投靠帝国主义，复辟做皇帝的狂野用心，如果蔡锷不从，再将其杀掉也不迟。谨慎的袁世凯同时在蔡锷身边安置众多密探，日夜监视和跟踪，以防其图谋反袁。

不久，袁世凯开始紧锣密鼓地筹备登基称帝一事，而蔡锷也早已识破了袁世凯的阴谋，多次悄悄乘火车到天津，与梁启超等进步人士秘密集会，商量如何共同抵制袁世凯复辟帝制。同时，为摆脱当时被袁世凯软禁帝都的困境，蔡锷想尽各种办法对其进行蒙蔽，在他面前装聋作哑，装痴扮呆，甚至在被抄家之后虽然愤怒至极，表面上却佯装无事，继续装聋作哑。为了成功骗过袁世凯，蔡锷又以得过肺病，如今又换上了咽喉病，健康状况欠佳为由，特请袁世凯批准休养一时。蔡锷还经常涉足花街柳巷，假装贪恋女色，不思进取，腐朽堕落，让袁世凯产生错觉，他的戒备心也就慢慢松懈下来。1915 年夏天，蔡锷结识了年方 16 岁的歌女小凤仙，利用其制造家庭不和的舆论，甚至请袁世凯的亲信为自己找房子，声称要“金屋藏娇”。同时，他还经常公开和妻子吵架，让袁世凯最终相信了他的“昏然无能”。

1915 年 11 月 11 日，蔡锷在小凤仙的帮助下成功逃离帝都，经天津到达日本。为了让袁世凯以为他滞留在日本，他让老同学将写好的明信片定期发送到帝都，告知袁世凯自己在日本的行踪。与此同时，蔡锷已经中国香港、越南河内回到中国昆明，躲过了数次暗杀，历经艰险，并联合了众多志士仁人。同年年底，蔡锷组织的护国反袁战争全面发动，最终使袁世凯的帝制梦彻底破灭。

蔡锷

蔡锷利用“瞒天过海”的计谋成功骗过了狡猾的袁世凯，让袁世凯对他的人品及志气渐渐产生了错疑，由此断定这是颗对他不会产生威胁的棋子，这为后来蔡锷的一步步反袁行动提供了便利。蔡锷的英勇和谋略为他荣立了再造民主共和的功勋，并被永载史册。

第二计 围魏救赵

【原　文】

共敌不如分敌[1]，敌阳不如敌阴[2]。

【注　释】

①共敌、分敌：这里是指集中的敌人与分散的敌人。

②敌阳、敌阴：敌，攻打。阳，这里是指公开、正面、先发制人；阴，这里是指隐蔽、侧面、后发制人。敌阳不如敌阴，指与其正面攻敌，不如从侧面攻敌。

【译　文】

攻打兵力集中的敌人，不如设法使其兵力分散而后各个击破；与其正面攻击敌人，不如迂回攻击其薄弱空虚的环节。

编者解读

“围魏救赵”之计适用于敌我力量悬殊之战，在己方处于劣势的情况下，最好的办法就是分导引流，找准敌人的薄弱环节、要害部位，避实就虚，全力攻击，或是绕到敌军的后方攻其不备，对其造成威胁和牵制，用最小的代价取得最大的胜利。如此一来，敌人就不得不放弃原来的目标。这是一种转化敌我双方地位的迂回策略。

对“围魏救赵”的应用，重在对强大的敌人实行避其锋芒的策略，在避免与其发生正面冲突的同时，绕道或是从侧面对其进行巧妙攻击，乘虚而入，置敌于死地。但运用此计时要严格区分因果与目的，“围魏”是因，“救赵”是果。“围魏”是为了让敌人放弃原来的目标“赵”，返身解救自己的“魏”的危难，“赵”就得救了。不论是真围还是假围，不论是明围还是暗围，“围魏”必须能够引出“救赵”这个后果。也就是说，“围魏”与“救赵”之间具有直接的因果关系。否则，“围魏救赵”只能是一厢情愿的美好打算。

一般来说，“围魏救赵”有以下三层含义。

第一，避实击虚。《孙子兵法·虚实篇》认为，水的流动规律是避开高处而流向低处。同样的道理，用兵的规律是避开敌人的坚实之处而攻击

其薄弱之处。避实击虚是克敌制胜的法宝。

第二，以攻为守。进攻是最好的防御。在敌兵压境的时候，如果一味地防御，就会越来越被动。应该利用一切机会发动进攻，打乱敌人的部署，从而变被动为主动。

第三，以迂为直。在几何学中，两点之间直线是最短的。但在战争中，最直接的方式不一定有效。这就好比上山一样，如果从山下直接向上攀登，路途虽近但危险很大。假如绕山盘旋而上，虽然多走了一段路，却能够平安地到达山顶。

在实施“围魏救赵”之计时，需要注意以下几个问题。

第一，突破口的选择。选择比“赵”容易进攻的突破口，不仅能鼓舞士气，而且能形成节节胜利之势。如果有多个难易程度相当的突破口，则应该选择对全局影响最大的突破口入手，往往可以事半功倍。当然，也要确定“魏”是敌人的必救之地，否则将徒劳无功。

第二，采取迂回进攻的策略很重要。不是所有的事情都能一步到位，增加一些中间环节或是转一些弯儿，就可以化解或者避开困难。

第三，一定要绕开敌人的强势之处，直击要害。向强大的敌人横冲直撞，往往会落得惨败下场，如果巧妙地进攻敌人的薄弱环节，不仅可以给敌人以重击，而且可以让自己免受重创，保全实力。

当敌人运用“围魏救赵”之计时，我们要迅速占领已经确定的目标，不受其他因素的影响。犹豫或是中途转变策略，往往容易陷入敌人的精心算计之中，贻误战机。此外，要审时度势，分清轻重缓急，准确把握首要和重要的事情，不被次要和不紧要的事情耽误。抓住重点，明确目标，才能不被敌人的伎俩所迷惑。

孙膑智救赵国

公元前 354 年，魏国派军队进攻赵国。魏国的军队很快包围了赵国首

都邯郸，情况十分危急。赵国眼看抵挡不住魏国的攻势，赶紧派人向齐国求救。

齐国大将田忌受齐王派遣，准备率兵前去解救邯郸。这时，他的军师孙膑赶紧劝他说："要想解开一团乱麻，不能用强扯硬拉的办法；要想制止正打斗得难分难解的双方，不宜用刀枪对他们一阵乱砍乱刺；要想援救被攻打的一方，只需要抓住进犯者的要害，捣毁它空虚的地方。眼下魏军全力以赴攻赵，精兵锐将势必已倾巢出动，国内肯定只剩下一些老弱残兵。魏国此时顾了外头，国内势必空虚。如果我们此时抓住时机，直接进军魏国，攻打魏国都城大梁，魏军必定会回师来救，我们不就可以替赵国解围了吗？"

一席话说得田忌茅塞顿开，他十分赞赏地说："先生真是英明高见，令人佩服。"

孙膑接着又补充说："还有一点，魏军从赵国撤回，长途往返行军，必定疲惫不堪。而我军则趁此时机，以逸待劳，只需在魏军经过的险要之处布好埋伏，一举打败他们不在话下。"

田忌叹服孙膑的精辟分析，立即下令按孙膑的策略行事，直奔魏国首都大梁，而且把要攻打大梁的声势造得很大，一边却在魏军回师途中设下埋伏。

孙膑画像

果然，魏军得知都城被围，慌忙撤了攻赵的军队回国。在匆忙跋涉的途中，军队行至桂陵一带，不防齐军擂鼓鸣金，冲杀出来。魏军始料不及，仓皇抵御，哪里战得过有着充分准备的齐军。魏军被杀得丢盔弃甲，还没来得及解救都城，便几乎全军覆没。这次战争，齐军大获全胜，赵国也得到了解救。

孔明计退曹操

210年，当曹操得知周瑜病逝的消息后，就准备再次兴兵进犯江东。但是，他又担心西凉州的镇东将军马腾会乘机袭取空虚的许都。为此，曹操特派使者西去凉州，以朝廷的名义给马腾加以征南将军的头衔，命令他随军讨伐孙权。于是，马腾带领次子马休、马铁及5000名西凉兵卒应召来到许昌城下。不久，西凉兵被曹操消灭，马腾父子三人也惨遭杀害。此后，曹操自认为解除了后顾之忧，即时起兵30万，直扑江东。

江东闻报之后，立即让鲁肃派使者西上荆州，向刘备求援。诸葛亮看罢江东的求救信，胸有成竹地对刘备说："既不用动江南之兵，也不用动荆州之兵，我自有妙计使曹操不敢进兵东南。"他让使者带回江东的信中说："如果曹军南犯，刘皇叔自有退兵之策。"诸葛亮告诉刘备说："曹操平生最担心的就是西凉之兵。现在曹操杀了马腾，马腾长子马超仍然统领着西凉之众，曹操的杀父之仇定使马超刻骨切齿。主公只要修书一封，派人结援马超，让马超兴兵入关。这样一来，曹操岂能兵犯江东？"刘备闻言大喜，立即修书，派使者投送西凉的马超。

马超听说父亲和两个弟弟遇害的消息后，放声大哭，悲怆倒地。他咬牙切齿，痛骂曹贼。正在此时，刘备的使者持书赶到。马超拆书一看：刘备在信中除了大骂曹操之外，还回忆了昔日与马腾同受汉帝密诏、誓诛曹贼的往事和旧情。刘备指出，现在曹操与马超又结下不共天地、不同日月之深仇。他建议马超率西凉之兵以攻曹之右，他统荆、襄之众以遏曹之前。此举不但曹操可擒、奸党可灭、大仇可报，而且汉室可以复兴。

马超看罢，立即挥泪复信，打发使者先回，随后便点起西凉兵马。正准备进发时，西凉太守韩遂使人请马超相见。原来韩遂与马腾是结义兄弟，韩遂与马超以叔侄相称。韩遂告诉马超：曹操派人送来书信，以封西凉侯为诱饵，让韩遂擒拿马超。韩遂还向马超表示：既为叔侄，不忍加害，愿意与马超一起联军进击曹操，以报仇雪恨。韩遂杀掉曹操的使者，又征调手下兵马，与马超兵马会合在一起，20万大军浩浩荡荡杀奔长安。曹操得到关中报警以后，遂放弃南下攻击孙权的计划，全力对付关中的马超、韩遂之军。诸葛亮的一封书信就轻而易举地制止了曹军南下，救了孙权的大驾。

诸葛亮画像

柯达血战富士

1877 年，照相机问世，当时的照相机是个庞然大物，黑帐篷、大水箱、厚厚的玻璃感光板容器，就像一个实验室。柯达创始人乔治·伊斯曼第一次接触照相机时，忍不住异想天开：照相机能不能弄得像“用铅笔写字那么简单”，于是后来就有了柯达相机。柯达一问世，名动天下，一时无人与之争锋。19 世纪末，柯达进入胶卷领域，迅速成为行业霸主。在后来的 100 多年里，柯达开创了一段辉煌的时期。

乔治·伊斯曼

富士胶卷于1934年创立，前身是日本塑料的“胶卷试验所”。1919年开始研究制造胶卷技术。1922年开始研究感光乳剂，1925年在积累照相工业的经营诀窍的同时，成立了“胶卷试验所”，正式开始研究制造胶卷。

第二次世界大战后，为使日本遭受战争创伤的企业能尽早重振雄风，美国政府说服包括柯达在内的大部分美国公司撤离日本。战后，日本富士公司经过40多年的努力，取得了令人瞩目的发展。它在日本本土赢得了79%的市场，并积极向海外拓展，在世界各地显示出咄咄逼人之势。

20世纪80年代，羽翼丰满的富士开始挑战柯达，将优质彩色胶卷的价格定为柯达胶卷价格的90%，长枪短炮开进美国和欧洲市场。在富士的猛烈攻击下，柯达开始在市场竞争中频频告败，利润大幅度下降。这时柯达大梦初醒，才意识到这个富士已严重威胁到自己生存。柯达的管理高层决定迎接挑战，打一场防守反击战。

针对富士的低价策略，柯达一方面致力于改善产品，另一方面以高于富士促销开支20倍的预算，大力打造广告和促销，开足马力推广产品。到20世纪90年代初，柯达成功地捍卫了美国本土市场，把在美国市场上的份额稳定在80%左右。

守住美国本土市场后，柯达没有善罢甘休，决定“以其人之道还治其人之身”，把战火烧到日本去。柯达花了5亿美元在日本东京建立了分公司，并在名古屋建立了研发试验室。为获得日本消费者的认可，突破富士及其他胶卷产业的重重阻碍，柯达高层意识到要用日本人的思维方式来考虑问题。1984年起，柯达公司在日本出售的胶卷上完全印上日文，而且针对日本人偏爱色彩鲜艳这一特点，于1988年在日本市场投放了柯达金奖彩色胶卷，产品一问世便广受日本消费者欢迎。为了使柯达进一步本土化，柯达

对其在日本的机构进行了调整，除了保留一个联络部与美国总部进行联系外，在其余的部门从经理到一般的管理人员，全部启用日本职员，将日本的员工从12人猛增至4500人。

在销售渠道方面，柯达针对日本市场的特点，制定了独到的渠道策略。它与大阪的三友公司合资成立了销售公司，借助日本本土势力负责经销柯达产品，结果大为成功。当时日本共有250个胶卷经销商，竞争之激烈让任何一家胶卷生产商都会感到头痛，但柯达公司见缝插针，挤进了其中的60个经销点。为了巩固柯达产品的销售市场，他们还通过投资日本照相器材行业，与其产品业务有关的企业建立起密切的关系。柯达购买了生产35毫米照相机、打印机和摄像机等为主业的佳能公司20%的股份，从而获取了大量生产秘籍，使自身的产品更加适合日本市场。同期，柯达还把日本一家专门生产微型胶卷和电子成像设备的公司—柯思达纳入旗下，命名为柯达信息系统。

当时的富士正兴致勃勃地致力于海外扩张，柯达公司花了相当于富士两倍的广告费，在日本各地大做广告，包括在日本各大城市设置了总价值约100万美元的巨型路标，投入巨资举办各种柔道比赛、相扑比赛和乒乓球比赛。1988年，柯达还出资在汉城奥运会上赞助了日本体育代表团，赢得了日本人的好感。此外，柯达还不惜工本，花费100万美元购置了一艘飞艇，并装饰上醒目的柯达标志，而且在日本的城市上空整整飞了3年，还带有挑衅性地在富士东京总部上空盘旋了一阵子。

经过5年多的努力，柯达产品在日本的销量上升了6倍，有一半以上的日本消费者能够认出柯达公司的黄色标志。1990年柯达在日本的营业额竟高达13亿美元，占领了日本市场的15%。与此同时，富士公司在日本本土的销售额开始下降。大意失荆州的富士公司不得不将其一部分精英从海外撤回东京，以此来对抗柯达的威胁。结果是减轻了日本富士公司对柯达的美国市场及其他世界市场的压力。

柯达公司LOGO

第三计　借刀杀人

【原　文】

敌已明，友未定①，引友杀敌，不自出力，以《损》②推演。

【注　释】

①友未定：“友”指军事上的同盟者，即除敌、我两方之外的第三方，可以一时结盟而借力的人、集团或国家。友未定，就是说盟友对主战的双方，尚持徘徊、观望的态度，其主意不明不定的情况。

②《损》：出自《易经·损》卦：“损：有孚，元吉，无咎，可贞，利有攸往。”孚，信用。元，大。贞，正。意即取抑省之道去行事，只要有诚心，就会有大的吉利，没有错失，合于正道，这样行事就可一切如意。又有《象》曰：“损：损下益上，其道上行。”意指“损”与“益”的转化关系，借用盟友的力量去打击敌人，势必要使盟友受到损失，但盟友的损失则可以换得自己的利益。

【译　文】

在敌人的情况已经明确，而盟友的态度尚未确定的情况下，要引诱盟友去消灭敌人，自己就不用出力（以此来保存实力），这是按照《损》卦推演出来的。

编者解读

所谓“借刀杀人”，是指在对付敌人的时候，自己不动手，而是利用第三者的力量去攻击敌人，以便保存自己的实力；再进一步，则巧妙地利用敌人的内部矛盾，使其自相残杀，以达到置敌于死地的目的。

战争中，“借刀杀人”是为了保存自己的实力而巧妙利用矛盾的策略。当敌方动向已明，就要千方百计诱导态度不明朗的友方迅速出兵攻打敌方，以实现自己的意图。如果战胜，自己不用付出任何代价；若是战败，自己

也不需要承担任何责任。其中的“杀人”不能仅理解为损人利己之事，而且可以引申为要达到的任何目的。

“借刀杀人”巧在一个“借”字，即利用、借用。所谓“借”，就是利用外部力量（包括人员、物资、谋略等）来帮助自己。自己缺兵少将，就多借用盟军的力量；直接杀敌有困难，就要设法使用他人的刀枪；资金不足，就要想法利用别人的金钱；缺乏物资，就要千方百计让别人的物资为己所用；自己的谋略行不通，就要试着采纳他人的智谋。总之，自己难以做到的事情，可以借助他人之手去做，无须亲自动手，便可坐得其利，这便是“借刀杀人”之计的妙用。

要深刻理解此计，不能忽略以下几个重要因素：一是如上所说，巧用外力为己所用。借用别人的手和力量，自己不用动手，不付出任何代价，便顺利实现自己的目标。二是争取有利可图的第三方加入，借其之力去“杀人”，即使对方不是心甘情愿入伙，也必然难逃干系。三是要注意此计的绝妙之处在于，避免自己抛头露面，做到不留任何痕迹，也就可以不承担任何责任。既做到了置身事外，又达到了自己的目的。

因此，“借刀杀人”之计的主要特点在于：抓住主要矛盾后，借敌方内部力量或盟友的力量，削弱或消灭敌对势力。其关键要善于捕捉和利用矛盾，包括敌方内部的矛盾以及敌方与盟友的矛盾，并设法将这些矛盾扩大、激化，直至引起敌方内部争斗，或是敌方与盟友的争斗，以达到削弱或是消灭敌方兵力的目的。在军事上，此计的运用多与利用间谍计相联系。

当敌人使用“借刀杀人”之计时，我们一定要提高“防刀”警惕性，以免成为敌人的进攻对象。一旦发现自己成为目标时，一定要及时揭露“借刀之人”的险恶用心，极力劝解被利用的一方尽早醒悟。如果敌人已经形成同盟，要想方设法将他们拆散，不让他们的计谋得逞。必要的时候可以对别人的遏制进行果断有利的还击，削弱其气势。此外，要谨防为敌人做“刀”。杜绝头脑发热、盲目跟风，善辨是非，才不容易被人利用。一旦有进攻别人的想法和计划时，也要仔细揣摩行动的理由和目的，不给别人下手的机会。更重要的是，要善于分析行动给敌我双方带来的利益，如果认识到“杀人”对自己意义不大，而对敌人却事关重大时，就说明已经被敌人利用了，此时应尽早醒悟，以免造成不可挽回的损失。

子贡借刀救鲁

春秋末期，齐简公派国书为大将，兴兵伐鲁。鲁国实力不敌齐国，形势危急。孔子的弟子子贡分析形势，认为唯吴国可与齐国抗衡，可借吴国兵力挫败齐国军队。于是子贡游说齐相田常。田常当时蓄谋篡位，急欲铲除异己。子贡以“忧在外者攻其弱，忧在内者攻其强”的道理，劝他莫让异己在攻弱鲁中轻易主动，扩大势力，而应攻打吴国，借强国之手铲除异己。田常心动，但因齐国已做好攻鲁的部署，转而攻吴怕师出无名。子贡说：“这事好办。我马上去劝说吴国救鲁伐齐，这不就有了攻吴的理由了吗？”田常高兴地同意了。

子贡赶到吴国，对吴王夫差说：“如果齐国攻下鲁国，势力强大，必将伐吴。大王不如先下手为强，联鲁攻齐，吴国不就可抗衡强晋，成就霸业了吗？”子贡马不停蹄，又说服越国，派兵随吴伐齐，解决了吴王的后顾之忧。

子贡游说三国，达到了预期目标，他又想到吴国战胜齐国之后，定会要挟鲁国，鲁国不能真正解危。于是他偷偷跑到晋国，向晋定公陈述利害关系：吴国护鲁成功，必定转而攻晋，争霸中原。劝晋国加紧备战，以防吴国进犯。

公元前 484 年，吴王夫差亲自挂帅，率 10 万精兵及 3000 名越兵攻打齐国，鲁国立即派兵助战。齐军中了吴军诱敌之计，陷于重围。齐军大败，主帅图书及几员大将死于乱军之中。齐国只得请罪求和。夫差大获全胜之后，骄狂自傲，立即移师攻打晋国。晋国因早有准备，击退吴军。

子贡充分利用齐、吴、越、晋四国的矛盾，巧妙周旋，借吴国之“刀”，击败齐国；借晋国之“刀”，灭了吴国的威风。鲁国损失微小，却能从危难中得以解脱。

子贡画像

林仁肇之死

宋朝建立后，宋太祖通过“杯酒释兵权”稳固了中央政权，便在无后顾之忧的情况下开始了统一中国的战争。

在灭掉南汉之后，宋太祖把进攻目标转向南唐。南唐后主李煜昏庸无能，只知道吟诗填词，整天沉湎于酒色，不理朝政，南唐国力日衰。宋太祖此时有心灭南唐，但又不敢轻举妄动。原来，南唐有一位勇猛无敌的武将名叫林仁肇，宋太祖认为林仁肇是宋朝灭南唐的一大障碍。可巧971年（开宝四年），李煜派其弟李从善前来朝贡，宋太祖忽然心生一计，当即热情款待李从善，并把他留下任泰宁军节度使。李从善不敢违命，只得报告李煜。李煜也不知宋太祖的葫芦里卖的是什么药，正好想通过李从善探听一些宋朝的情况，便同意他在宋朝任职。宋太祖又派一名使者到林仁肇那里，使者用钱财贿赂林仁肇的仆人，搞到了一张林仁肇的画像。使者拿着画像回来复命，宋太祖命人把画像挂在自己的侧室。

一天，李从善来见宋太祖，廷臣先把他领到侧室。李从善一眼就看到了林仁肇的画像，不解地问道：“这是我国武将林仁肇的画像，怎么会挂在这里？”侍臣支支吾吾，欲言又止，半天才说：“你已经是宋朝的人了，告诉你也没什么。皇上爱惜林仁肇的才干，下诏书让他来京城，他已经答应投降，先送来画像以表诚心归顺。”侍臣又指着附近一座华美富丽的房

子说：“听说皇上准备把这所房子赐给林仁肇，等他到了京城，还要封他为节度使呢！”

李从善立即回江南向李煜报告了此事。李煜真的相信林仁肇心怀二心，在一次设宴招待林仁肇时，让人事先在酒里下了毒药。林仁肇回到家中，毒性发作，七窍流血而死。宋太祖听到林仁肇的死讯后，立即发兵攻打南唐，很快就灭了南唐。

故宫博物院藏宋太祖大孝皇帝肖像

古为今用

农夫山泉水源之争

2000 年 4 月 24 日，居全国饮用水行业第三位的农夫山泉突然宣布不再生产纯净水，转而生产天然水，原因是“科学实验表明，纯净水对健康并无好处，而含有矿物质和微量元素的天然水对健康成长有明显促进作用。作为生产厂家应该对人的健康负责，因此农夫山泉将全力投向天然矿泉水的生产销售”。

农夫山泉此举立即引起行业地震，其被指为不正当竞争。而农夫山泉却说自己只是想要普及饮用水知识，端正消费者认知。在两派的争论当中，各方观点都有专家支持，在媒体上唇枪舌剑，互不相让。

农夫山泉表示，纯净水在深度过滤的过程中虽然去除了有害物质，但同时也去除了有益成分，致使人体无法从纯净水当中获取镁、钠、钙、钾等人体所需矿物质和微量元素。而纯净水企业则指出，人体所需的营养元素主要来自食物和膳食补充品，饮用水所提供的矿物质营养元素的数量非常有限，几乎可以忽略不计。

后来，各纯净水生产公司甚至联合向有关部门投诉。殊不知，这些厂家的积极“配合”正合了农夫山泉的心意。而媒体的热炒也无形中帮助农夫山泉打了一个大大的广告，传播了“矿泉水更有益”的概念。因此，虽然农夫山泉放弃了纯净水市场，造成了上千万元的损失，但确立了自己在矿泉水市场领导者的地位。农夫山泉利用对手和媒体炒作这两把“刀”，全力推动了自己向矿泉水市场的挺进，达到了自己的目的。

农夫山泉 LOGO

第四计　以逸待劳

【原　文】

困敌之势[①]，不以战；损刚益柔[②]。

【注　释】

①困敌之势：迫使敌人处于困境。

②损刚益柔：语出《易经·损》卦。损，卦名。本卦为异卦相叠（兑下艮上）。

上卦为艮，艮为山，下卦为兑，兑为泽。上山下泽，意为大泽侵蚀山根之象，也就是说有水浸润着山，抑损着山，故卦名叫“损”。“损刚益柔”是根据此卦象讲述“刚柔相推而生变化”的道理和法则。“以逸待劳”之计正是根据“损”卦的道理，以“刚”喻敌，以“柔”喻己，意谓困敌可用积极防御，逐渐消耗敌人的有生力量，使之由强变弱，而我因势利导又可使自己变被动为主动，不一定要用直接进攻的方法，同样可以制胜。

【译　文】

要迫使敌人处于困境，不一定要直接出兵攻打，可以采取“损刚益柔”的办法（令敌人由盛转衰、由强变弱，再发动进攻，便可获胜）。

编者解读

“以逸待劳”之计强调：要想让敌方处于困境，不一定只有进攻之法。关键在于适时地掌握主动权，伺机而动，以不变应万变，以静制动，积极调动敌人，努力牵着敌人的鼻子走，创造决胜机会。所以，此计中的“待”切不可理解为消极被动地等待；相反，它是积极主动的反击准备。当敌方气焰嚣张时，为了避开敌人的锋芒，增强自己的兵力，首先应该主动采取守势，养精蓄锐，有效地牵制敌人，调动其在预设的战场上四处奔命，待敌人疲劳混乱、锐气减退、敌我态势发生变化时，迅速转守为攻，乘机出击取胜。

战争是一种“力”的较量，要运用智慧，削弱、限制对方的力量，增强己方力量的发挥，才有取胜的把握。“以逸待劳”之计就是实现“力”的转化的有效方法。以己方的严整来对待敌方的混乱，以己方的冷静来对待敌方的惶恐。总之，要想方设法让敌人长途跋涉，疲于奔命。以自己的从容休整来对待敌人的筋疲力尽，以自己的物资丰盈来对待敌人的弹尽粮绝，这样才能战胜敌人。

“以逸待劳”是一种以不变应万变、以小赢变大赢的策略。它有以下两种含义。

第一，积蓄力量、等待时机。要战胜敌人，自己首先要有充足的力量储备，而当自己的力量还不足以击败敌人时，一定不要过早地和敌人直接交锋，而应该积极退守，有效利用时机，扩充力量，使自己由弱变强。总之，时机不成熟时要善于等待时机，可以采取虚于应付、故意拖延等办法与敌人周旋。时机一到，一鼓作气消灭敌人。

第二，与敌人周旋时要以守为攻。在敌人气势凶猛时，为了减少不必要的牺牲，想方设法让敌人“活蹦乱跳”，以至于体力疲惫，士气低落，达到削弱其力量的目的。有时候，防守是为了准备更大的进攻，防守本身就是一种特殊的进攻方式，这时的“不战”好过于战。积极主动自守的不战策略，比打斗更能消耗敌人的力量，消磨敌人的士气。

当敌人运用“以逸待劳”之计时，我们应该采取一些积极的防范措施来应对。首先，先行进入战场，争得有利地位，才有充分的时间进行调整，做好战前准备，并全面熟悉环境，控制战争的主动权，紧紧抓住战争取胜的关键要素。其次，灵活多变，以简胜繁。在战争中要舍弃不必要的行动，集中力量完成关键步骤，避免多余消耗。此外，还要机动灵活，以不变应万变、以小变应大变，争取用较少的代价引发敌人巨大的代价。最后，养精蓄锐，削弱敌力。利用疲劳战术，削弱敌人的力量，并暗中积聚自身力量，占据绝对优势。

曹刿论战

公元前684年，齐国背弃了与鲁国订立的盟约，发兵侵犯弱小的鲁国。

齐军与鲁军在长勺遭遇。鲁庄公御驾亲征，旁边坐着新请来的参谋曹刿，对面的齐军已摆开架势，只等作战的鼓声擂响。

不一会儿，齐军战鼓齐鸣，杀声连天，兵士如潮水般冲了过来。鲁庄公也想下令擂鼓出击，被曹刿制止了。曹刿对鲁庄公说：“敌人锐气正盛，只可以严阵以待，急躁不得。”

齐军一阵冲锋过来，却如木板碰铁桶一样，冲不垮鲁军的队列只得退下。不久，齐军再次擂鼓冲锋，鲁军依旧岿然不动，铁桶似乎更坚固了。随着一声令下，齐军的战鼓又像雷一样响起来。

但是，这时的齐军士兵虽然嘴里叫喊着，心里认为鲁军不敢出击，斗志却无形中松懈了下来。

曹刿听到齐军的第三次鼓响，便对鲁庄公说："是出击的时候了！"于是，待命的鲁军士兵像猛虎扑食一样冲了出去。齐军临变而慌，被杀得七零八散大败而逃。

鲁庄公见敌人逃却，忙下令乘胜追击。曹刿又加以制止："别忙，等一会儿。"说完，他跳下车，看看地上的车辙马迹，又站在车顶上向逃走的齐军望了一阵，然后说："放心追赶下去，杀他个片甲不留！"鲁军乘胜追击，把齐军赶回齐国，俘获的战利品堆积如山。

在庆功宴会上，鲁庄公问曹刿："为什么要在敌人击鼓三次后才出击呢？"

曹刿答道："凡打仗，全凭士兵的一股勇气。当第一次击鼓的时候，齐军的士气很旺盛，好比一群猛虎下山，千万不可硬碰。第二次击鼓时，齐军的斗志开始松懈。到第三次击鼓时，齐军的士气低落，精神疲惫，战斗力骤减。而这时我军初次鸣鼓进攻，策新羁之马，攻疲乏之散，自然就可以旗开得胜。"

鲁庄公又问："可是，当齐军败退时你为什么阻止我下令追击，待望过天、看过地之后才允许穷追不舍，这又是什么道理呢？"

曹刿又说："兵者，诡道也。齐军诡计多端，如果败走有诈，诱我追击，就可能中了他们的埋伏。因此，我下车看看车辙马迹，杂沓非常，证明是仓皇败退。远远望去，齐军旗歪阵乱，说明他们确实打了败仗。在这种情况下，我才敢大胆进军。"

鲁庄公听罢曹刿这番话，大加赞赏，亲自赐给曹刿一杯胜利酒。

曹刿论战漫画

博尔术献计

铁木真成为蒙古部首领之后，招携怀远，举贤任能，势力一天天地强盛起来。曾与铁木真结为盟友的札木合心怀不满，寻机要与铁木真一比高低。

铁木真的叔父拙赤居住在撒阿里川一带，他经常令部属到野外放牧马群。一次，他的一群马被人劫走，放马人急忙通报拙赤。拙赤极为愤怒，只身一人前去追赶。傍晚时分，拙赤追上劫马者，把为首的那个人用箭射倒，然后乘乱将马群赶回。

原来，拙赤射中的那个人正是札木合的弟弟。札木合闻讯悲恨交加，遂联合塔塔儿部、泰赤乌部等13部，合兵3万人，杀奔铁木真的营地。

铁木真得到消息后，立即集合部众3万人，分作13支，做好迎敌的准备。开始的时候，铁木真的部队抵挡不住气势汹汹的札木合军，不得不且战且退。

在军务会议上，博尔术对铁木真说："敌军气焰方盛，意在速战速决，我军应以逸待劳，等敌军力衰之时再出击掩杀，定获全胜。"铁木真采纳了博尔术的意见，集众固守。札木合几次遣军进攻，都被铁木真的弓箭手一一射退。

本来，草原兴兵，不带军粮，专靠沿途抢掠或猎获飞禽走兽。札木合远道而来，军粮渐少，又无从抢夺，士兵只得四处觅野物，整日不在军营当中。博尔术见敌军，东一队，西一群，势如散沙，立即入帐禀报铁木真。铁木真认为时机已到，遂命各部奋力杀出。

此时的札木合正在帐中休息，得知铁木真发动进攻，慌忙吹号角集合部队，可是他的士兵大多数出外捕猎，来不及归回。札木合手下的12个主将因敌不过排山倒海般的铁木真军，纷纷落荒而逃。札木合见大势已去，骑快马从帐后逃走。已养足精力的铁木真军，像砍瓜切菜一样，将在帐营中的札木合部队数千人全部消灭。

这场战斗结束后，铁木真在蒙古草原的声威日振，附近的部落纷纷前来归附。

铁木真画像

古为今用

聪明的福特

20 世纪 20 年代初，美国福特汽车销量急剧下降。当时，正值美国汽车工业全面起飞的时期，各大公司纷纷推出色彩明快、鲜艳的新型汽车来满足消费者的不同喜爱，因而销路大畅。唯独黑色的福特车保持不变，显得严肃而呆板，销路自然大受影响。但是，无论对各地要求福特供应花色汽车的代理商，还是对公司内的建议者，亨利·福特总是坚决顶回去："福特车只有黑色的。我看不出黑色有什么不好，至少比其他颜色耐旧些。"生产逐渐艰难了，福特开始裁减人员，部分设备停工，将夜班调成白班以节省电费，公司内外人心浮动，连福特夫人也大惑不解，沉不住气了。

福特却笑着说："这是我的袖里乾坤，先不告诉你，等想妥了再说。"他夫人担心公司牢骚太盛，会不会人心思走。

福特了解夫人的担忧，信心十足地说："我们公司的待遇高于任何企业，他们不会生异心，同时他们知道我是绝不服输的人，相信我不跟别人一样生产浅色车，一定是另有计划。"

有人建议说，至少我们应该有新车在市面上销售，不至于让人说我们公司快倒闭了。福特诡谲地一笑："让他们去说吧，谣言越多对我们越有利。"人们感到很奇怪，问公司是不是正在设计新车？是不是跟别人一样，会有各种颜色的新车？

福特回答说："不是正在设计，是已经定型了！也不是跟别人一样，而是我们自己的，而且我们的新车一定比别人的都便宜！"这就是福特一生中最得意的"杰作"之一——购买废船拆卸后炼钢，从而大大降低了钢铁的成本，为即将推出的 A 型汽车奠定了畅销的基础。

1927 年 5 月，福特突然宣布生产 T 型车的工厂全部停工，这是公司成立 24 年来第一次停止新车的出厂，市面所卖的都是存货。

消息一出，举世震惊，猜测蜂起。除了几个主管外，谁也摸不清福特

打的是什么算盘。让人奇怪的是，工厂停工后工人并没有被解雇，每天仍然上下班。这一情况引起新闻界的极大兴趣，报上经常刊登有关福特的新闻，助长了人们的好奇心。

两个月后，福特终于透露，新的A型汽车将于同年12月应市。这比宣布工厂停工引起的震动更大。年底，色彩华丽、典雅轻便而价格低廉的福特牌A型车终于在人们的长期翘首等待中源源上市，果然盛况空前。它打造了福特公司第二次起飞的辉煌的局面。

福特公司由于T型车的开发，早已确定了它在美国汽车工业中的地位。这次面对各公司以色彩、外形为武器发起的挑战，福特并没有应战，而是养精蓄锐，扬长避短，抓住质量、价格这两个关键做充分准备，一旦成熟，就使对手们由强变弱，由优变劣了。这就是福特的“锦囊妙计”—以逸待劳。

福特的“以逸待劳”正是一种后发制人策略。这种策略常常表现为一种紧跟方式，就是说，企业并不强行研究开发新产品，而是当市场上某种新产品初露头角并显示出较强生命力时，就立即进行仿造和改进，把自己的改进型新产品快速抛入市场，达到“青出于蓝而胜于蓝”的效果。“后发制人”或者是“以逸待劳”的策略是在商战中经常应用的。“以逸待劳”并非“好逸恶劳”，而是养精蓄锐，等敌人劳师动众、疲于奔命、彼竭我盈之后伺机而动。因此，决胜之关键除了要有“泰山崩于前而色不变，麋鹿兴于左而目不瞬”的镇定冷静之外，还要有“知己知彼”“妙算多者胜”的能耐。

亨利·福特

第五计　趁火打劫

【原　文】

敌之害大①，就势取利，刚夬柔也②。

【注　释】

①敌之害大：害，指敌人所遭遇到的困难，危厄的处境。

②刚夬柔也：语出《易经·夬》卦。夬，卦名。本卦为异卦相叠（乾下兑上）。上卦为兑，兑为泽；下卦为乾，乾为天。兑上乾下，意为有洪水涨上天之象。本卦《彖》辞说："夬，决也。刚决柔也。"决，冲决、冲开、去掉的意思。因乾卦为六十四卦的第一卦，乾为天，是大吉大利，吉利的占卜，所以此卦的本义是力争上游，刚健不屈。所谓刚决柔，就是下乾这个阳刚之卦，在冲决上兑这个阴柔的卦。此计是以"刚"喻己，以"柔"喻敌，言乘敌之危，就势而取胜的意思。

【译　文】

当敌人遇到危难时，就要趁机出兵以夺取胜利。这是从《易经》夬卦"刚决柔也"一语悟出的道理。

编者解读

无论多么强大的敌人，都会有软弱的地方，看似无懈可击的防御，也会出现有机可乘的时候。当敌人遇到麻烦或陷入危机时，往往是制服敌人的最佳时机。高明的指挥官往往会充分利用这种时机，果断出击，获取最大利益。

"趁火打劫"之计可分为两种情形。第一种情形是乘人之危，抱薪救火。敌人后院"起火"，己方可以伪装"救火"的姿态前去凑热闹，这样既不会被敌人拒绝，也不会引起敌人注意。在"救火"的过程中，便可以暗中获得好处，或在暗角再点一把"新火"，给敌人制造更多的麻烦，这样就可以轻易地将敌人置于死地。在敌人发生危难之时，采用这种方式向敌人发起主动进攻，往往很容易取得成功，为自己谋得利益，也可称为乘间取利、乘人之隙。第二种情形为助纣为虐，入伙分利。火是别人放的，别人趁火

打劫时，己方乘机插手，助对方一臂之力，事成之后，获得部分利益。

“趁火打劫”之计虽然看似不甚光明磊落，但着实是屡试不爽的破敌良策，往往能收到扭转战局、变被动为主动的奇效。其要义在于，当敌人处于危难之中自顾不暇时，乘机迫其接受正常情况下难以接受的苛刻条件。运用这一计谋的关键，在于对“打劫”时机的把握。这就要求指挥官掌握敌人的动态，通过分析，确认敌人已经“失火”，正处在危难之中或在有求于己时，果断出手，于乱中获利。需要注意的是，“趁火打劫”一方面要求指挥官反应敏锐，出手果断，因为有利时机往往稍纵即逝，若是等到“火”灭了再行劫，效果就会大打折扣；另一方面，也要权衡双方实力，注意不可盲动，既要避免中了敌人引蛇出洞的圈套，又要注意“劫”之有度，不要引火烧身。

当敌人对我们实施“趁火打劫”之计，我们应该采取以下防范措施。首先，要时刻管好门户，不给敌人可乘之机。趁火打劫者一般都是乘隙取利，乘乱谋益。如果我们时刻提高警惕，管好门户，以防敌人乘虚而入，敌人就不太容易发现可乘之“隙”了。退一步讲，纵使哪天我们身处困境，也一定要做到临危不乱，秩序井然。敌人的可乘之机无非就是我们“失火”后的混乱，如果我们沉着冷静，面面俱到，妥善处理问题，并且对外界保持高度的警觉，敌人也就无可乘之“乱”了，这是最根本的防范措施。

其次，陷入困境时要全力防卫，一致对外，让敌人无利可图。遇到危难，损失在所难免，但也要尽可能减少损失。如果敌人乘我们内乱之时来进攻的话，那么，内部发生矛盾的双方要清醒地认识到“鹬蚌相争，渔翁得利”，必须立即摒弃前嫌，联合对外，这样才能避免被消灭。

晋惠公打劫失败

春秋时期，晋惠公曾向秦穆公许诺：他复国后将河西五城给秦国，可是，

当他在秦国的护送下回国即位后，竟然毁约。不料，晋国连续五年大闹旱灾、饥荒，晋国粮库空虚，老百姓四处逃荒。晋惠公听从了大臣们的建议，只得硬着头皮向秦穆公求援。秦穆公正为晋侯背信弃义恼羞成怒，拒绝救援。秦大夫公孙枝进谏道："是晋侯背约，晋国的老百姓是无辜的呀。现在正是晋国的老百姓在受灾，我们应该援助他。"秦穆公听从了公孙枝的意见，答应了晋惠公的要求，解决了晋国的饥荒，受到晋国民众的感激。

第二年开始，秦国却也闹起了旱灾、饥荒，原本用来防御饥荒的国库粮食，先前都被用于救援晋国饥荒了，秦国民心、军心不由大乱。而晋国当年恰恰是个大丰收年，于是，秦穆公派人到晋国求援。晋国大夫却芮、虢射等唆使晋惠公拒绝给秦国救援，并说趁秦国大闹荒灾、国情大乱之际，联合梁国去攻打秦国，必有所获。晋惠公果然背信弃义，不听良谏，却听取了虢射等的意见，趁秦国荒灾大举进攻之；秦穆公也只得率三军应战。激战中，秦穆公险些被晋军俘获，后来幸被山野土著人救出。由于晋军失道寡助，军心不振，并且，秦军英勇作战，其将领百里奚、公孙枝、公子縶三人足智多谋，最后，秦军取得全胜，晋惠公也被秦军俘获。

晋惠公本想"趁火打劫"秦国，捞取些利益，却反而兵败如山、自身不保，这正是他背信弃义、妄自尊大的必然结果。

多尔衮入主中原

明朝末年，政治腐败，民生凋敝。崇祯皇帝宵衣旰食，想振兴大明。可是，他猜疑成性，贤臣良将根本不能在朝廷立足，他一连更换了十几个宰相，又杀了名将袁崇焕，他的周围都是些奸邪小人，明朝崩溃大局已定。

1644 年，李自成率农民起义军一举攻占京城，建立了大顺王朝。可惜农民起义军进京之后，立足未稳，首领们渐渐腐化堕落。明朝大将吴三桂的爱妾陈圆圆也被起义军将领掳去。吴三桂本是势利小人，惯于见风使舵。他看到明朝大势已去，李自成自立为大顺皇帝，本想投奔李自成巩固自己的实力。而李自成胜利之后，滋长了骄傲情绪，没把吴三桂看在眼里，抄了他的家，扣押了他的父亲，掳了他的爱妾。本来就朝秦暮楚的吴三桂，"冲冠一怒为红颜"，最终投靠大清，欲借清兵势力消灭李自成。

摄政王多尔衮闻讯，欣喜若狂，认为时机成熟，可以实现多年的愿望了。要知道，努尔哈赤、皇太极都早有入主中原的打算，只是直到去世都未能

如愿。顺治帝即位时，年龄太小，只有七岁，朝廷的权力都集中在多尔衮手里。多尔衮对中原早就有攻占之意，他想建立功业，以便完成父兄未完成的入主中原的遗愿。

多尔衮一直虎视眈眈地注视着明朝的一举一动，眼见中原内部战火纷飞，李自成江山未定，于是多尔衮迅速联合吴三桂的部队，进入山海关，只用了几天的时间，就打进京城，赶走了李自成。多尔衮志得意满登上金銮宝殿，奠定了大清占领中原的基础。

多尔衮着朝服像

亚默尔慧眼独具

菲利浦•亚默尔是美国亚默尔肉食加工公司的老板。1975年初春的一天，他坐在自己的办公室里翻阅报纸，了解当天的新闻。突然，一则几十个字的短讯，使他兴奋得差点跳起来：墨西哥发现了类似瘟疫的病例。他马上想到，如果墨西哥真的发生瘟疫，一定会从加利福尼亚州或得克萨斯州边境传染到美国来。而这两个州又是美国肉食供应的主要基地。肉类供应肯

定会变得紧张，肉价一定会猛涨。

于是，亚默尔立即派家庭医生亨利赶到墨西哥探听情况。几天后，亨利发回电报，证实那里确有瘟疫，而且很厉害。亚默尔接到电报后，立即筹集全部资金，购买加利福尼亚州和得克萨斯州的牛肉和生猪，并及时运到美国东部，储存起来备售。

不出所料，瘟疫很快蔓延到美国西部的几个州。美国政府下令：严禁一切食品从这几个州外运，当然也包括牲畜在内。于是，美国国内肉类奇缺，价格暴涨。亚默尔趁机将先前购进的牛肉和猪肉抛售。在短短几个月里，净赚了 900 万美元。

亚默尔通过一则短讯发现了瘟疫流行的征兆，并预测到瘟疫流行可能给肉类市场带来的影响。于是他“趁火打劫”，预先收购牛肉和生猪。在市场奇缺、价格猛涨时售出，获得了巨大利益。

第六计　声东击西

【原　文】

敌志乱萃[①]，不虞[②]，坤下兑上[③]之象，利其不自主而取之。

【注　释】

①敌志乱萃：援引《易经·萃》卦中《象》辞：“乃乱乃萃，其志乱也”之意。萃，悴，即憔悴。是说敌人情志混乱而且憔悴。

②不虞：未意料，未预料。

③坤下兑上：萃卦为异卦相叠（坤下兑上）。上卦为兑，兑为泽；下并为坤，坤为地。有泽水淹及大地，洪水横流之象。

【译　文】

敌人处于心迷神惑、行为紊乱、意志混沌的状态时，就像处于高出地面的沼泽，溃决之势已成，不能正确预料和应对突发事件。此时，应该利用他们心绪混乱，无法自主把握前进方向的时机，灵活机动地运用声东击西、似进似退的战略，造成对方的错觉，进而出其不意地将其一举消灭。

编者解读

“声东击西”是胜战计的最后一计，是一种制造假象佯动诱敌的谋略战法。通过高明的佯动，误导敌人，使其疏于防范，再出其不意夺取胜利。此计一般用在己方处于进攻态势的情况下。“声东”旨在虚晃一枪，所击之“西”才是主攻目标。因此，此计的重点在于对己方的企图和行动绝对保密，制造假象隐蔽己方的攻击方向，转移敌人的注意力，使其疏于防范，让“西”成为敌人的不备或不及之地，然后出其不备，发动突然进攻，一举击败敌人，出奇制胜。

此计成败的关键在于攻方的“声东”是否让防御方完全相信，或迷惑其意志，或故布疑阵，使敌人力量分散，使其减弱“西面”的防御，甚至完全放弃“西面”的防范，从而达到自己的目的。具体来说，“声东击西”之计可以有以下几种使用方式。

第一，忽东忽西，牵制敌人。不固定己方的进攻方向，时而向东，时而向西，把敌方弄得晕头转向，无法确定己方的主攻方向和真实意图，只好处处被动设防。时间一长，必然只有招架之功，而无还手之力，己方便可利用时机大获全胜。

第二，即打即离，迷惑敌人。己方时而主动进攻，时而远远离开。敌方以为己方要开打时，己方不打；敌人以为己方不打，己方却突然发动袭击。以致敌人无法做战前准备，失败也就在所难免。

第三，发动佯攻，蒙蔽敌人。己方故意向甲地发动进攻，以吸引敌人的注意力，等敌人把兵力全部调到甲地时，己方突然在乙地发动猛攻。敌人知道后，为时已晚。

第四，避强击弱，袭击敌人。在己方飘忽不定的进攻下，敌人无法制订准确的进攻计划，己方就可避开敌之锋芒，乘机猛攻敌人的薄弱环节，让其无力应对，妥协就范。

总之，“声东击西”之计历来受到兵家的重视，但是如果此计运用不好，被敌方发现了自己的真实意图，就会搬起石头砸自己的脚。

当敌人实施“声东击西”之计时，我们首先要尽量前呼后应，防备不测。为各个方向的部队建立良好的联系通道，这样一处受到攻击时，另一处就可以立刻赶到救援，可有效应对敌人的阴谋。其次，敌人伪装得再隐蔽，也会有蛛丝马迹露出来，勤于观察善于分析，总可以发现破绽。最后，多

换位思考，谨防被诈。经常站在敌人的立场上进行思考，设想如果自己是对方会采取怎样的行动，然后观察敌人的所作所为是否与自己所设想的相同，如果完全相反，则要防备敌人有诈。

白马之战

200 年（建安五年）正月，袁绍派陈琳书写檄文并发布，檄文中把曹操骂得无法忍受。二月，袁绍进军黎阳，企图渡河寻求与曹军主力决战。他首先派颜良进攻东郡太守刘延据守的白马，企图夺取黄河南岸要点，以保障主力渡河。

四月，曹操为争取主动，求得初战的胜利，亲自率兵北上解白马之围。此时谋士荀攸认为袁绍兵多，建议声东击西，分散其兵力，先引兵至延津，伪装渡河攻袁绍后方，使袁绍分兵向西，然后遣轻骑迅速袭击进攻白马的袁军，攻其不备，定可击败颜良。曹操采纳了这一建议，袁绍果然分兵延津。曹操乃乘机率轻骑，派张辽、关羽为前锋，急趋白马。关羽迅速迫近颜良军，冲进万军之中杀死颜良并斩首而还，袁军溃败。

曹操解了白马之围后，迁徙白马的百姓沿黄河向西撤退。袁绍率军渡河追击，军至延津南，派大将文丑与刘备继续率兵追击曹军，曹操当时只有骑兵六百，驻于南阪（在白马南）下，而袁军达五六千骑，尚有步兵在后跟进。曹操令士卒解鞍放马，并故意将辎重丢弃道旁。袁军一见果然中计，纷纷争抢财物。曹操突然发起攻击，最终击败袁军，杀了文丑，顺利退回官渡。颜良、文丑都是河北名将，却被一战而斩，袁绍军队的锐气因此被挫伤。

曹操画像

孔明斗仲达

229年（蜀汉建兴七年），诸葛亮（字孔明）再次北伐，兵至祁山，扎下三个大寨，专候魏军。司马懿（字仲达）得知，率张郃、戴陵并十万军前往祁山迎敌。

司马懿到达祁山后，先搞调查研究，问前线部将郭淮与孙礼："前线情况如何？"郭、孙二人答说："尚未与蜀军交锋。"司马懿又问其他各路情况。郭淮说只有武都、阴平尚未得到消息。司马懿经过思考，指示郭淮和孙礼："明日我亲自领兵与孔明交战，你二人可急从小路前往增援武都和阴平，并从背后偷袭蜀军，我军可胜。"

郭淮于路上谓孙礼曰："仲达比孔明如何？"礼曰："孔明胜仲达多矣。"淮曰："孔明虽胜，此一计足显仲达有过人之智。蜀兵如正攻两郡，我等从后抄到，彼岂不自乱乎？"正言间，忽哨马来报："阴平已被王平打破了。武都已被姜维打破了。前离蜀兵不远。"礼曰："蜀兵既已打破了城

池，如何陈兵于外？必有诈也。不如速退。”郭淮从之。方传令教军退时，忽然一声炮响，山背后闪出一支军马来，旗上大书：“汉丞相诸葛亮”，中央一辆四轮车，孔明端坐于上；左有关兴，右有张苞。孙、郭二人见之，大惊。孔明大笑曰：“郭淮、孙礼休走！司马懿之计，安能瞒得过吾？他每日令人在前交战，却教汝等袭吾军后。武都、阴平吾已取了。汝二人不早来降，欲驱兵与吾决战耶？”郭淮、孙礼听毕，大慌。忽然背后喊杀连天，王平、姜维引兵从后杀来。关兴、张苞二将又引军从前面杀来。两下夹攻，魏兵大败。郭、孙二人弃马爬山而走。蜀军大胜。

司马懿本想给诸葛亮来个声东击西，打乱蜀军的部署，不料此计被孔明识破，反给司马懿来个声东击西。正所谓，强中自有强中手，能人背后有能人。

司马懿画像

古为今用

波音公司认栽

1973 年，苏联人在美国放风说，打算挑选美国的一家飞机制造公司为苏联建造一个世界上最大的喷气式客机制造厂，该厂建成后将年产 100 架巨型客机。如果美国公司的条件不合适，苏联就将同英国或联邦德国的公司做这笔价值 3 亿美元的生意。

美国波音飞机公司、洛克希德飞机公司和麦克唐纳·道格拉斯飞机公司三大飞机制造商闻讯后，都想抢到这笔“大生意”。所以，他们便背着美国政府，分别同苏联方面进行私下接触。苏联方面则在他们之间周旋，让他们竞争，以更多地满足苏方的条件。

波音公司为了能够抢到这笔生意，首先同意苏联方面的要求：让 20 多名苏联专家到飞机制造厂参观、考察。

苏联专家在波音公司被视为上宾，他们不仅仔细参观飞机装配线，而且钻到机密的实验室里“认真考察”。他们先后拍了成千上万张照片，得到了大量的资料，最后还带走了波音公司制造巨型客机的详细计划。

波音公司热情地送走苏联专家后，满心欢喜地等待他们回来谈生意、签合同。岂料这些人犹如肉包子打狗，有去无回。

不久，美国人发现了苏联利用波音公司提供的技术资料设计制造了伊留申巨型喷气运输机。这种飞机的引擎是罗尔斯 - 罗伊斯喷气引擎的仿制品，而且有关制造飞机的合金材料，也是从美国获得的。

原来，苏联专家穿了一种特殊的皮鞋，其鞋底能吸引从飞机部件上切削下来的金属屑，他们把金属屑带回去一分析，就得到了制造合金的秘密。

这一招，致使一向精明的波音公司叫苦不迭，有苦难言。

苏联人为了获得美国飞机制造商制造巨型客机的详细材料，故意放风说要挑选美国的一家飞机制造公司为苏联建造喷气式客机制造厂，从而“声东击西”，瞒住了波音公司，获得了巨型客机的制造材料和有关制造飞机的合金材料的秘密。

波音公司 LOGO

第 2 章　敌战计

敌战计是《三十六计》第二套计谋，包括无中生有、暗度陈仓、隔岸观火、笑里藏刀、李代桃僵、顺手牵羊六计。所谓敌战计，就是要在敌对双方对峙的情况下有意识地主动创造有利于己方的条件和时机，造成敌方的错觉，使之处于被动，受制于己。

第七计　无中生有

【原　文】

诳也，非诳也，实其所诳也[①]。少阴、太阴、太阳[②]。

【注　释】

①诳也，非诳也，实其所诳也：诳，欺诈、诳骗。实，实在、真实，此处作意动词。句意为：运用假象欺骗对方，但并非一假到底，而是让对方把受骗的假象当成真相。

②少阴，太阴，太阳：此“阴”指假象，“阳”指真相。句意为：用大大小小的假象去掩护真相。

【译　文】

用假象欺骗敌人，但并不是完全弄虚作假，而是要巧妙地由假变真，由虚变实，以各种假象掩盖真相，造成敌人的错觉，出其不意地打击敌人。这就是《易经》中所说的少阴、太阴、太阳互相转化的道理。

编者解读

“无中生有”出自中国古代哲学家老子《道德经》第四十章：“天下万物生于有，有生于无。”老子揭示了万物有与无相互依存、相互变化的规律。他认为有与无并不矛盾，如阴阳、静动一般，既相互对立统一又能相互依存转化。

“无中生有”之计不是真正意义上的欺瞒，而是将某些假象示人，使敌人相信它的真实性，然后把这些假象突然变为现实，让敌人毫无心理准备，措手不及，从而击败敌人。此计有两种含义：一是凭空捏造事实，处处散布谣言，把本来不存在的东西说成存在的，让敌人思想混乱。其目的是乘机消灭敌人，获取利益；二是以假乱真，把假的东西装扮成真的，最后将其巧妙地转换成真的。以此来迷惑敌人，使敌人掉以轻心，从而趁势将其击败。

在运用“无中生有”之计时，应该注意把握以下一些问题。

第一，“无中生有”运用在军事上，属于诱敌之计。而在经营管理上，只能使用它的引申义，用不真实或虚无的东西去迷惑竞争对手，让对方在不清楚你的真实意图的情况下无以应对。绝非真的造假骗人，更不能长期以假示人。

第二，使用此计要把握好可能瞬间而逝的绝佳时机，在敌人观察并改变行动策略之前，快速出击，将敌人制服。

第三，“无中生有”并非真正的以无作有，而是示“无”藏“有”，其关键在“有”而不在“无”。空虚是无法战胜敌人的，而被敌人忽视和误解的真实，才是真正能够战胜敌人的力量。因此，运用此计，核心在“有”。同时，“无中生有”所利用的“无”，也绝不是长久的虚无和欺瞒。要看准时机，及时变假为真，转虚为实，露出真相，达到目的。

如果敌人使用“无中生有”之计，我们首先要勤于观察思考，必要时还要作深入的分析和判断，及时揭穿敌人的阴谋。其次，要提高警惕。对于敌人反复做的事，尤其要加以提防，特别谨防敌人被我们拆穿的假象再一次出现，阴谋往往就隐藏在这些假象背后。最后，要积极抵制流言蜚语。敌人施展“无中生有”之计的一种常见形式就是散布谣言，面对流言，我们应该沉着冷静，分析源头，找出真相。这样敌人的阴谋就会不攻自破，己方的利益才能得以保障。

张仪离间齐楚

战国末期，七雄并立。实际上，秦国兵力最强，楚国地盘最大，齐国地势最好。其余四国都不是他们的对手。当时，齐楚结盟，秦国无法取胜。

秦国的相国张仪是个著名谋略家，他向秦王建议，离间齐楚，再分别击之。秦王觉得有理，遂派张仪出使楚国。

张仪带着厚礼拜见楚怀王，说秦国愿意把商于之地六百里（今河南淅川、内江一带）送与楚国，只要楚能绝齐之盟。怀王一听，觉得有利可图：一得了地盘，二削弱了齐国，三又可与强秦结盟。于是不顾大臣的反对，痛痛快快地答应了。怀王派逢侯丑与张仪赴秦，签订条约。二人快到咸阳的时候，张仪假装喝醉酒，从车上掉下来，回家养伤。逢侯丑只得在馆驿住下。过了几天，逢侯丑见不到张仪，只得上书秦王。秦王回信说：既然有约定，寡人当然遵守。但是楚未绝齐，怎能随便签约呢？

逢侯丑派人向楚怀王汇报，怀王哪里知道秦国早已设下圈套，立即派人到齐国，大骂齐王，于是齐国绝楚和秦。这时，张仪的“病”也好了，碰到逢侯五，说：“咦，你怎么还没有回国？”逢侯丑说：“正要同你一起去见秦王，谈送商于之地一事。”张仪却说：“这点小事，不要秦王亲自决定。我当时已说将我的奉邑六里，送给楚王，我说了就成了。”逢侯丑说：“你说的是商于六百里！”张仪故作惊讶：“哪里的话！秦国土地都是征战所得，岂能随意送人？你们听错了吧！”

逢侯丑无奈，只得回报楚怀王。怀王大怒，发兵攻秦。可是现在秦齐已经结盟，在两国夹击之下，楚军大败，秦军尽取汉中之地六百里。最终，怀王只得割地求和。怀王中了张仪“无中生有”之计，不但没有得到好处，反而丧失了大片国土。

张巡智退叛军

唐朝安史之乱时，许多地方官吏纷纷投靠安禄山、史思明。唐将张巡忠于唐室，不肯投敌。他率领数千人的军队驻守孤城雍丘（今河南杞县）。安禄山派降将令狐潮率四万人马围攻雍丘城。敌众我寡，张巡虽然取得几次突然出城袭击的小胜，但无奈城中箭矢越来越少，赶造不及。没有箭矢，很难抵挡敌军攻城。张巡想起三国时诸葛亮草船借箭的故事，心生一计。他急命军中搜集秸草，扎成千余个草人，将草人披上黑衣，夜晚用绳子慢慢往城下吊。

夜幕之中，令狐潮以为张巡又要乘夜出兵偷袭，急命部队万箭齐发，急如骤雨。张巡轻而易举获敌箭数十万支。天明后，令狐潮知已中计，气

急败坏，后悔不迭。第二天夜晚，张巡又从城上往下吊草人。贼众见状，哈哈大笑。张巡见敌人已被麻痹，就迅速吊下五百名勇士，敌兵仍不在意。五百勇士在夜幕掩护下，迅速潜入敌营，打得令狐潮措手不及，营中大乱。张巡乘此机会，率部冲出城，杀得令狐潮大败而逃，损兵折将，只得退守陈留（今开封东南）。张巡巧用“无中生有”之计保住了雍丘城。

张巡画像

餐厅精心制作假象

在美国肯塔基州的一个小镇上，有一家格调高雅的餐厅。店老板察觉到每周星期二生意总是格外冷清，门可罗雀。

又到了一个星期二，店里照样是客人寥寥无几。店老板闲来无事，随便翻阅起了当地的电话号簿。他发现当地竟有一名叫约翰·韦恩的人，与美国当时的大明星同名同姓，这个偶然的发现，使他的心为之一动。他立

即打电话给这位约翰·韦恩说，他的名字是在电话号码簿中随便抽样选出来的，他可以免费获得该餐厅的双份晚餐，时间是下星期二晚上8点，欢迎他偕夫人一起来。约翰·韦恩欣然应邀。第二天，这家餐厅门口贴出了一幅巨型海报，上面写着“欢迎约翰·韦恩下星期二光临本餐厅”，这张海报引起了当地居民的骚动和瞩目。

到了星期二，来客大增，创下了该餐厅有史以来的最高纪录。尤其是那个晚上，6点钟还不到就有人在等着被安排座位，7点钟队伍已排到大门外，8点钟店内已挤得水泄不通。大家都想一睹约翰·韦恩这位巨星的风采。

过一会儿，店里的扩音器广播到：“各位女士，各位先生，约翰·韦恩光临本店，让我们一起欢迎他和他的夫人。”

霎时，餐厅里鸦雀无声，众人的目光一齐投向大门口，谁知那儿竟站着一位典型的肯塔基州老农民，身旁站着一位同他一样不起眼的夫人。原来这位矮小的仁兄就是约翰·韦恩。

店老板非常尴尬、惶恐，后悔这个安排太荒谬、离谱，但就在这时，人们顿时明白了这是怎么回事，于是在寂静了一刻之后，突然爆发出掌声和欢笑声，客人们簇拥着约翰夫妇上座，并要求与他们合影留念。

从此以后，店老板又继续从电话号码簿上寻找一些与名人同名的人，请他们星期二来晚餐，并出示海报，普告乡亲。于是，“猜猜谁来晚餐”，“将是什么人来晚餐”的话题，为生意清淡的星期二带来了高潮。

美国明星约翰·韦恩

第八计　暗度陈仓

【原　文】

示之以动①，利其静而有主，益动而巽②。

【注　释】

①示之以动：示，给人看。动，此指军事上的正面佯攻、佯动等迷惑敌方的军事行动。

②益动而巽：语出《易经·益》卦。益，卦名。此卦为异卦相叠（震下巽上）。上卦为巽，巽为风；下卦为震，震为雷。意即风雷激荡，其势愈增，故卦名为益。与损卦之义，互相对立。本卦的《彖》辞说："益动而巽，日进无疆。"这是说益卦下震为雷为动，上巽为风为顺，那么，动而合理，是天生地长，好处无穷。

【译　文】

主动采取行动，通过正面的佯攻、佯动，展示假象来迷惑敌人，等敌人一门心思关注我表面行动时，暗中迂回到其他有利地点，乘虚而入，突然袭击，从而掌握战场主动权，赢取最终胜利。

编者解读

"暗度陈仓"的前提是"明修栈道"。意思是在双方对峙的时候，公开展示一个让敌人觉得愚蠢或者无害的战略行动，以使敌人放松警惕。而在公开行动的背后，己方却有真正的行动，乘敌人被假象蒙蔽而放松警惕时，悄悄地迂回到另一处偷袭，给敌人以措手不及的致命打击。在兵法上，只有诱使敌人按照正常的用兵方略来判断己方的行动意图，才能达到此目的。所以，"暗度陈仓"必先用"明修栈道"来吸引并转移敌人的注意力。

"暗度陈仓"和"声东击西"有相似之处，也有不同的地方。相似之处在于：两者都是虚张声势，先制造出一种假象来迷惑敌人，然后在假象的掩盖下，采取实际行动。不同之处在于："暗度陈仓"是同时采取真假

两个行动，表面上采取一个对敌方无碍或让敌方觉得可笑的行动，比如“明修栈道”，来麻痹敌人。暗中却实施一个给敌人致命打击或有力扩张己方实力的行动，比如“暗度陈仓”。而“声东击西”则是在同一个打击行动背后有真、假两个目标。有意用假目标把敌人引开，以打击那个真目标。

要用“暗度陈仓”之计，需要重视和把握以下几点。

第一，“暗度陈仓”是双管齐下的策略。因此，要求“双管”缺一不可，鼎力配合。一明一暗，要呼应得当。这一点很重要，也是运用此计的基本思路。

第二，“暗度陈仓”之计，关键在“暗”。能暗中行事，拥有竞争取胜的主动权。在实施此计时，不仅要有清晰而明确的意图和目的，更要巧妙地将自己的真正意图和目的隐藏起来，而且隐藏得越深就越有可能攻对方于不备，使之措手不及而战败。

第三，“暗度陈仓”需要“明修栈道”来做铺垫。用故意暴露行动的办法，掩盖暗中进行的大动作，更有效果。这个“明”是假象，是迷惑和引诱敌人的示形示弱。因此，做得越好，就越能让对方相信其真实，从而产生错觉，导致决策和方略的失误。

第四，运用“暗度陈仓”计策的一方，要有相应的实力做后盾，否则效果未必很好。如果用计一方兵力太弱，即使暗度成功，也会因为兵力不济，反被敌人歼灭。

第五，运用“暗度陈仓”之计时，一定要随时提防被敌人识破。战争是残酷的，双方都会竭尽全力、斗智斗勇。而战争的结局，不仅是两强相遇勇者胜，更是技高一筹者为王。因此，运用此计时，不仅要计划周全、缜密，而且要有被识破的思想准备，要有被识破之后的应对之策。只有这样，才能保全自己。

第六，在用计的整个过程中，要时刻注意观察敌人，有效收集敌人的行动信息，重视分析、研究敌人的动向，然后根据敌人的变化调整自己的思路，同时还要不断思考自己的行动和修正自己的策略，方能步步为营。

为了防范敌人使用“暗度陈仓”之计，我们需要时刻保持警惕。越是看得明白的东西，越要对它保持怀疑态度。对于敌人那些看起来很愚蠢或者无害的战略行动，越要仔细探究。你需要逆向思维，反向行动，敌人越在东边做动作，你越要在其他方向上保持警惕。与此同时，要尽量少露或者干脆不露破绽给敌人，只有当敌人无机可乘的时候，你才可能是安全的。苍蝇不叮无缝的蛋，要让敌人—“老虎吃天，无从下口”。此外，要注意不能贪功冒进，蝇头小利往往都是诱饵。

吴起击退强齐

春秋末期，齐国攻打鲁国，鲁国将领是吴起。吴起十分爱护士兵，与士兵同吃同住，行军路上一样步行、一样帮体弱的士兵扛武器。因此，他很受官兵的爱戴。吴起见齐军来势凶猛，干脆命令部队扎营，坚守不战。

齐军大将田和见鲁军闭营不出，派将领张邱以和谈的名义，前去鲁营探听虚实。吴起明白张邱的意图，于是让精锐的部队隐蔽，再让军中老弱病残的士兵故意展现在张邱面前。吴起又装出一副卑躬屈膝的样子，请求与齐军讲和休战。张邱回去，把所看到的情形告诉给田和，田和听说鲁军士气不振，就渐渐地放松了警戒。

吴起断定齐军轻敌、战备松懈，深夜时分，亲率一队精悍的军士突袭齐营，混乱中点燃大火，齐军营地顿时一片惨状，鲁军趁势掩杀过去，齐军死伤惨重。齐军将领田和、张邱等只能仓忙逃走。

此战，吴起巧妙地隐匿了自己的部队实力和作战意图，使敌军麻痹大意、轻敌松懈，从而使得弱势的鲁军最终大胜强悍的齐军。

吴起画像

刘邦平定三秦

公元前206年正月，项羽恃强凌弱，自立为西楚霸王，定都彭城（今江苏徐州），统辖梁、楚九郡，他“计功割地”，分封了18位诸侯王，并违背楚义帝“谁先攻入关中，谁就做关中王”的约定，把刘邦分封到偏僻荒凉的巴蜀，称为汉王。而把实际的关中之地一分为三，封给了秦的三个降将，用以遏制刘邦北上。刘邦心中十分怨恨，想率兵攻击项羽，后经萧何、张良一再劝阻，这才决定暂且隐忍不发。

天下分封已定，张良打算离开刘邦回韩国再事韩王成。刘邦赐金百镒，珠二斗。而张良把金珠悉数转赠给项伯，使他再为汉王请求加封汉中地区。项伯见利忘义，立即前去说服项羽。这样，刘邦建都南郑（今陕西南郑县东北），占据了秦岭以南巴、蜀、汉中三郡之地。

同年七月，张良送刘邦到褒中（今陕西褒城）。此处群山环抱，沿途都是悬崖峭壁，只有栈道凌空高架，以度行人，别无他途。张良观察地势，建议刘邦待汉军过后，全部烧毁入蜀的栈道，表示无东顾之意，以消除项羽的猜忌，同时也可防备他人的袭击。这样，就可以乘机养精蓄锐，等待时机，再展宏图了。刘邦依计而行，烧掉了沿途的栈道。张良此计，可谓用心良苦，它为刘邦的巩固发展和日后东进，取得了重要的保证。刘邦入汉中后，励精图治，积极休整。

同年八月，刘邦用大将韩信之谋，避开雍王章邯的正面防御，乘机从故道“暗度陈仓”（今陕西宝鸡），从侧面出其不意地打败了雍王章邯、塞王司马欣和翟王董翳，一举平定三秦，夺取了关中宝地。略定三秦，刘邦倚据富饶、形胜的关中地区，便可以与项羽逐鹿天下了。一个“明修”，一个“暗渡”，张、韩携手，珠联璧合，成为历史上的一段脍炙人口的佳话。

项羽闻知刘邦平定三秦，怒不可遏，决定率兵反击。张良早已料到这一点，于是寄书蒙蔽项羽，声称：“汉王名不副实，欲得关中；如约既止，不敢再东进。”同时，张良还把齐王田荣谋叛之事转告项羽，说是“齐国欲与赵联兵灭楚，大敌当前，灭顶之灾，不可不防啊”。意在将楚军注意力引向东部。项羽果然中计，竟然无意西顾，转而北击三齐诸地的毫无生气的腐朽力量。张良的信从侧面加强了“明修栈道”的效果，把项羽的注意力引向东方，从而放松了对关中的防范，为刘邦赢得了宝贵的休养生息的时间。

不久，项羽于彭城杀死了韩王成，使张良相韩的幻梦彻底破灭。同年冬，张良逃出彭城，躲过楚军的追查，终于回到刘邦的身边，受封为成信侯，此后便朝夕相随汉王左右，成为划策之臣。明代李贽曾评论此事说：项羽此举，“为汉驱一好军师”。的确，项羽杀了韩王成客观上帮了刘邦的大忙。

刘邦画像

善于谈判的哈默

在美国石油大王阿莫德·哈默的经营史中，最成功的一次是在利比亚。无论是哈默本人，还是西方石油公司的 3 万名职员或公司的 35 万名股东，

一提起这件事，他们都会赞叹不已。

在伊德里斯一世国王统治的年代，利比亚就像美国得克萨斯州最初发现石油时那样，吸引着石油资本家。只要是沙漠的干风没有把黄沙刮得遮天蔽日，那里每天都充满了买进卖出、赢钱和输钱的气氛，的黎波里和班加西这两个互相竞争的大都市看上去像是巨大的集市，到处都在进行掷骰子赌博。

当哈默的西方石油公司来到利比亚的时候，正值利比亚政府准备进行第二轮出让租借地的谈判。出租的地区大部分都是原先一些大公司放弃了的利比亚租借地。根据利比亚法律，石油公司应尽快开发他们租得的租借地，如果开采不到石油，就必须把一部分租借地归还给利比亚政府。

第二轮谈判中就包括已经打出若干孔“干井”的土地，但也有若干块与产油区相邻的沙漠地。来自 9 个国家的 40 多家公司参加了这次投标，有些参加投标的公司，他们的情况显然比空架子也强不了多少，他们希望拿到租地之后，再转手给一家资金实力雄厚的公司，以交换一部分生产出来的石油，另有一些公司（包括西方石油公司），虽然财力不足，但至少具有经营石油工业的经验。利比亚政府允许一些规模较小的公司参加投标，因为他们首先要避免的是遭受大石油公司和大财团的控制，其次才会去考虑资金有限问题。

哈默尽管曾于 1961 年受肯尼迪总统的委托到过利比亚与伊德里斯一世国王建立了私人关系，且伊德里斯一世国王在托布鲁克王宫一次欢迎会上真诚地对哈默说：“真主派您来到了利比亚！”这比别人稍稍有利。但在第二轮租借地的争夺战中，与一批资金雄厚的大公司相比，哈默无异于小巫见大巫，只不过是一名讨价还价的商人而已。此刻，在灼热的利比亚，哈默不仅要与那些一举手就可以把他推翻的石油巨头们进行竞争，同时还要分析估量那些自称可以使国王言听计从的大言不惭的中间商们所说的话到底有多少真实性，处境非常不利。但哈默不会因此而气馁，善罢甘休不是他的作风。

哈默明白，要在第二轮租借地的谈判中挫败实力雄厚的竞争对手，只能巧取，不能豪夺，而唯一可行的方案就是暗中向利比亚政府申请：如果西方石油公司能得到租借地，将给予政府诸多好处，也请利比亚政府给予西方石油公司比其他竞争对手更优惠的条件。

哈默在随后的投标上，来了个“明修栈道，暗度陈仓”—他的投标书采用羊皮证件的形式，卷成一卷后用代表利比亚国旗颜色的红、绿、黑三

色缎带扎束。在投标书的正文中，哈默加上一条，西方石油公司愿从尚未扣除税款的毛利中取出 5% 供利比亚发展农业之用。此外，投标书还允诺在库夫拉图附近的沙漠绿洲中寻找水源，而库夫拉图恰巧就是国王和王后的诞生地，国王父亲陵墓也坐落在那里。挂在招标委员会鼻子前面的还有一根“胡萝卜”，西方石油公司将进行一项可行性研究，一旦在利比亚采出石油，该公司将同利比亚政府联合兴建一座制氨厂。

1966 年 3 月，哈默的“暗度陈仓”果然成功，同时得到两块租借地，其中一块四周都是产油的油井，并有 17 人投标竞争这块土地，且多是实力雄厚的知名公司，可结果个个名落孙山，唯有西方石油公司独占鳌头；另一块地也有 7 个人投标，但最终还是归在了西方石油公司名下。这第二轮谈判招标的结果使那些显赫一时的竞争者大为吃惊，不明其所以然，深深为哈默高超的谈判手段、技巧而叹服。

夺得这两块租借地后，西方石油公司凭着独特有效的经营管理，使之成为其财富的源泉。1967 年 4 月，西方石油公司的黑色金子流到了海边，在那个令人难忘、规模宏大的纪念日，仅庆典就用去整整 100 万美元。

实力弱小的西方石油公司，之所以能在强手如林的众多投标者中独占鳌头，一举夺得两块租借地，关键在于哈默在“明修栈道”的大动作下，暗中又做了“暗度陈仓”的小动作，致使利比亚政府在哈默提供的利益允诺的诱逼下，天平倾向于西方石油公司。

阿莫德 • 哈默

第九计　隔岸观火

【原　文】

阳乖序乱，阴以待逆[①]。暴戾恣睢[②]，其势自毙。顺以动豫，豫顺以动[③]。

【注　释】

①阳乖序乱，阴以待逆：阳、阴，指敌我双方两种势力。乖：分崩离析。逆：混乱、暴乱。全句意为：敌方众叛亲离，混乱一团，己方应静观以待其发生大的变乱。

②暴戾恣睢：穷凶极恶。

③顺以动豫，豫顺以动：语出《易经·豫》卦。豫，卦名。本卦为异卦相叠（坤下震上）。坤为地，震为雷。雷生于地，雷从地底而出，突破地面，在空中自在飞腾。本卦的《象》辞说："豫，刚应而志行，顺以动。"意即豫卦的意思是顺时而动，正因为豫卦之意是顺时而动，所以天地就能随和其意，做事就顺其自然。

【译　文】

在敌人内部矛盾激化、分崩离析之时，己方应静待敌方形势的恶化。届时，敌人横暴凶残，相互仇杀，必将自取灭亡。己方要采取顺应的态度，然后见机行事。

编者解读

要用好"隔岸观火"之计，必须坚持唯物辩证的思想，对这一计策有全面清晰的认识。

首先，"隔岸观火"在实际应用过程中，绝非只是被动静止地"观火"，而是在观察、分析的过程中，主动寻求、创造对己方有利的最佳时机。比如，在敌人的内部不存在较为严重的矛盾时，要适时地"煽风点火"，想方设法让对岸的"火"烧起来；在对岸的"火"烧起来之后，要掌握"火候"，时机不到不能轻举妄动，一旦时机成熟，就要及时出击。

其次，“隔岸观火”作为战争的一部分，要明确己方的战略初衷，围绕战略目标展开斗争。这就要求在隔岸观火的阶段必须保持一定的战略定力，并进行适当的临机调整。

最后，在选择计策的过程中，我们也应该注意到“隔岸观火”与“趁火打劫”之间的关系。从字面上讲，“隔岸观火”中的“火”和“趁火打劫”中的“火”都用来比喻危难状况、矛盾纷争。隔岸，就是要保持一定的安全距离，使自己处于相对安全的地带；观，并非纯粹的旁观，而是从对方的危难中发现机会。从这点上讲，“隔岸观火”与“趁火打劫”意义相反，前者更加强调以静制动、坐享其成，让敌人在冲突矛盾中自行削弱、毁灭，后者则要求及时加入战争，趁敌人处于危难之时给以打击。在某些特定的情况下，“隔岸观火”和“趁火打劫”应当互相转化，其最终目的都是使己方掌控全局、立于不败之地，由此实现自己的战略意图。

当敌人运用“隔岸观火”之计时，我们首先要以大局为重，维持好内部团结。不考虑全局的共同利益，而只是为了一点个人或小团体的利益同室操戈，就等于把屠刀交给敌人，让亲者痛、仇者快。即便内部发生了矛盾，也务必要及时反省，不能让矛盾发展到不可收拾的程度，以免敌人坐收渔翁之利。其次，要对敌人封锁内部消息。内部发生矛盾和分歧是难免的，最重要的是不能把这些矛盾透露给敌人，让敌人有隙可乘。内部的问题要及时解决在内部，切忌不要到处宣扬。在敌人面前就要表现出团结一致、坚不可摧的气势和决心来，才有可能夺取胜利。

孙膑救韩

公元前342年，魏国军队进犯韩国的国都。韩昭侯见魏军来势凶猛，

难以抵挡，便派使者到齐国请求救兵。

齐威王召集群臣商量此事。大家议论纷纷，莫衷一是。只有孙膑在一旁不发一言，若有所思。齐威王问计于孙膑，孙膑说：“魏国自恃其武力强大，前年伐赵，今年伐韩，总有一天会侵犯齐国。如果我们现在不出兵救韩，就等于抛弃了韩国，喂肥了魏国，所以不救是没有道理的。但是，魏国刚开始攻打韩国，军队士气正旺，韩国的实力还没有受到挫伤，此时我们出兵救韩，等于让韩国坐享其成，使齐国遭受兵难，因此说马上出兵救韩也不是良策。”

齐威王又问：“如此说来，该怎么办呢？”孙膑回答说：“我们不如先答应韩国的要求，稳住韩国人的阵脚。韩国知道齐国发兵救援，一定会奋力抵抗魏军。我们则坐山观虎斗，等到两国军队打得精疲力竭之时，齐国再出兵攻打魏军。这样，既可以保住韩国，又不使齐国军队的实力受损，两全其美，何乐而不为呢？”

齐威王闻言大喜，采纳了孙膑的建议，对韩国的使者说：“齐国救兵不日即到。”韩昭侯听说齐国出兵，就壮着胆子与魏军开战。待到韩国实在招架不住的时候，孙膑才率军前去救韩。

西晋灭吴

263 年，曹魏灭掉蜀国，这样，三国鼎立的局势瓦解，而成了魏、吴对战的局面。不久，魏国大将司马炎去魏称帝，改国号为晋。司马炎继续推行统一中国的战略，一方面，他下令在蜀地江岸大造战船、日夜训练水军，为日后同吴国决战做好充分准备；另一方面，他发现吴国军队还很强大，如果硬碰硬地去交战，只能造成两败俱伤。于是，晋国采取观望、等待的战略，待吴国的国力、军备有所削弱后，再去进攻，就很容易了。

吴国虽然富足，但孙权统治集团的矛盾激化，内部纷争激烈。朝廷大臣各树派系，各拥储君。孙权只得废太子孙和，新立太子孙亮，致使两派的怨恨加深。孙权死后，孙亮即位，孙林派系发动政变，废除了孙亮，立孙休即位。孙休死后，经过一番激烈的争斗，孙皓即位。孙皓上任后，大加报复，不惜采用“剥面皮、挖眼睛、灭三族”的残暴手段，把其过去的仇敌几乎灭绝。他又动用大量的人、财、物力，迁都于武昌。最后引起江南的民众起义，又被迫还都。吴国经过朝廷长期的内部斗争、国民的大举

起义，国力大大削弱，民心、军心十分低落。

280年，西晋见吞并、灭亡吴国的时机成熟，于是，大举进犯吴国，三个多月后，吴国灭亡，西晋统一了全国，中国又开始了一个新的王朝。

司马炎画像

印度第一位女总理

1966年1月，印度总理夏斯特里突然去世。消息传出，印度政坛各派便纷纷出马，试图在角逐新总理职位中一举成功。当时，有望夺得总理职位的热门人选是国大党派最有资历的德赛和代总理南达。英迪拉·甘地也向她的幕僚们表示了参加总理职位角逐的决心。与德赛和南达相比，英迪拉·甘地的政治实力并不算强大。面对实力雄厚的对手，英迪拉·甘地如何才能实现政坛登龙的夙愿呢？

在冷静的分析之后，英迪拉·甘地决定不过早地投入角逐，等到政敌们两败俱伤时再予以出击。主意已定，她表面上显得很超脱，好像无意参加角逐，而暗地里她却在静观形势的变化，等待时机到来。

形势的发展果然如英迪拉·甘地之所料。德赛骄横固执，以唯一候选人的身份自居，不愿与人分享权力。德赛的表现大伤人心，尤其伤害了党内辛迪加派的感情。辛迪加派在党内和政府中有较大的势力，并且擅长于幕后操纵。辛迪加派对德赛的表现很不满，决定阻止德赛上台，并开始物色新的候选人。

当时的代总理南达也不甘示弱，四处奔走为其升任正式总理摇唇鼓舌，与其政敌明争暗斗。各派争斗越发激烈，互相攻击各不相让。在一旁静观的英迪拉·甘地由于没有过早地出击，政坛各派以为她无意问津，因而无人向她发难。

在公众心目中，英迪拉·甘地仍是一个有谦恭风范的政治家。在局势快要明朗的情况下，英迪拉·甘地不失时机地开始行动。她凭借大名鼎鼎的尼赫鲁之女的特殊身份，党内各派及社会舆论对她无恶感等有利条件，施展其卓越的政治才华。她说服了辛迪加派和担心专横的德赛上台的人，并得到了他们的支持。接着，她又利用政治手腕把国大党的多数党员笼络在自己的麾下。经过辛迪加派的疏通，国大党执政的10个邦的首席部长表示愿意支持英迪拉·甘地。

南达见称雄政坛无望便退出了竞选，唯有德赛欲与英迪拉·甘地决一死战。德赛对英迪拉·甘地大肆攻击和谩骂，意在抓住英迪拉·甘地反击时露出的破绽而大做文章。而英迪拉·甘地仍然保持谦和的风度，令公众舆论大加赞赏。

英迪拉·甘地

大选结果表明：英迪拉·甘地以明显的优势当选为印度总理。英迪拉·甘地的成功之处在于她处于劣（弱）势时善于守拙，深藏不露，隔岸观火。当政敌互相倾轧而元气大伤时，她果断出击，巧妙地周旋于各派政治力量之间，利用矛盾，寻求支持。最后，她终于如愿以偿，登上了最高权力的宝座。

第十计　笑里藏刀

【原　文】

信而安之[①]，阴以图之[②]，备而后动，勿使有变。刚中柔外也[③]。

【注　释】

①信而安之：信，使信。安，使安，安然，此指不生疑心。
②阴以图之：阴，暗地里。
③刚中柔外：表面柔顺，实质强硬尖利。

【译　文】

表面上做得使敌人深信不疑，从而使其麻痹大意，丧失警惕；暗地里，则另有图谋。做好充分的准备，不要引起敌人的意外变故，借机而动。这就是外表上柔和，而骨子里却刚强的谋略。

编者解读

“笑里藏刀”原意是指表面和气、内心阴险狡诈的两面派。它的同义词是“口蜜腹剑”“两面三刀”“阳奉阴违”等。要运用好“笑里藏刀”之计，需要具备以下三点。

第一，具备敏锐的洞察力。所谓洞察力，是指人透过表象看清楚事物本质的能力。在政治和军事斗争领域，由于敌对双方互相保密、互相隐藏、互相欺骗，以达到信息不对称并保持己方信息优势的目的，致使局势往往错综复杂，事物本质往往隐藏至深。而此时，如果能够看清局势发展，看清战场形式，识破对方迷惑，则无论对于运用“笑里藏刀”还是防范“笑里藏刀”，都至关重要。

第二，具备过人的胆识和定力。无论在尔虞我诈的政治斗争中，还是在残酷无情的战争环境下，一旦运用了“笑里藏刀”之计，就意味着在一段时间内必须要能将“笑”坚持到底，因为“笑里藏刀”在短时间内是难以起作用的，必须经过长时间“笑”来营造可以用“刀”的前提条件，并在关键时刻“拔刀亮剑”，才能收到效果。然而，在营造条件的时期内，往往会经历诸多意想不到的困难和矛盾，甚至是折磨与考验。这就要求运

用此计之人，必须能够在营造条件的期间，始终坚定不移、坚韧不拔、毫不退缩，在各种风险考验面前展现出过人的胆识和定力。

第三，要能掌握好“笑里藏刀”的分寸。“笑里藏刀”关键在于“刚中柔外”，即处理好“柔”与“刚”的辩证关系，用权变的思想对具体问题进行具体分析。一方面，“笑里藏刀”的“笑”具体体现为“柔”，即能够以“柔”示人、以“柔”交人、以“柔”服人，用“柔”的方式使敌人“信而安之”，这就必须要掌握好“度”，不然就会引起敌方的警觉，从而被识破；另一方面，“笑里藏刀”的“刀”具体体现为“刚”，是“柔”的强力支撑，既可以表现为经济实力、军事实力、人口规模等硬实力，也可以表现为政治影响力、信仰号召力、文化感召力。如果没有“刚”的存在，那么“柔”就只是软弱，毫无意义可言。“笑”的目的是“藏刀”，“外柔”的目标是“刚中”。“刀”一旦出鞘，就要迅速果断，使敌人不及应变。

当敌人对我们运用“笑里藏刀”之计时，我们首先要对敌人毫无缘由的主动亲近时刻保持警惕。敌人无缘无故地亲近，可能是一种非常危险的信号，表明敌人要向我们发起进攻了。其次，当敌人的言辞突然谦卑时，很有可能是在加紧备战。要注意，没有事先约定而突然前来议和的，背后往往会有阴谋。对于这样的敌人，我们不能完全相信，要察言观色，看透其本质。最后，尽早克服自身的弱点，因为敌人常常会利用我们骄傲自满、刚愎自用、急躁浮动以及喜欢被奉承等心理弱点对我们进行攻击。戒掉了这些毛病，敌人便无可利用之处，也就拿我们没有办法了。

姬光篡夺王位

春秋时期，吴公子姬光对吴王僚即吴国王位十分不满，虽然表面上对

吴王僚毕恭毕敬、唯命是从，但心里却无时不在篡夺王位。伍子胥从楚国逃到吴国，姬光见他勇猛侠气、智勇双全，便把他纳为知己 。伍子胥又将他的朋友一吴国勇士专诸推荐给姬光，姬光器重之。三人密谋：待时机成熟，就刺杀吴王僚。

姬光探知，吴王僚最喜爱吃炙烤出来的鱼肉，便让专诸专心学习炙鱼的烹饪方法。吴王僚十二年，楚平王去世，吴王派公子盖余、烛庸领兵欲趁楚丧而攻打楚国，反而被楚军围困；这时，吴公子庆忌正出使卫、郑二国，姬光见王僚身边的大将都不在国内，认为时机成熟，急忙与伍子胥、专诸商议刺杀吴王僚的策略。

姬光假惺惺、笑盈盈地邀请吴王僚前来吃炙鱼，吴王僚以防万一，身上穿了三层甲衣，一路上布满警卫，并带上一百名贴身警卫进入姬光家。姬光满面笑容地同吴王僚入座就席。席间，姬光假称脚痛而离席，专诸在吴王僚警卫的重重夹带下，手捧一碟香美的炙鱼来到吴王僚面前，突然，专诸飞快地从鱼肚里抽出“鱼肠”短剑，使劲地刺入吴王僚的怀里，短剑穿过三甲、从吴王僚的背部刺出，吴王僚当场死亡，专诸也被吴王僚的警卫乱刀砍死。姬光、伍子胥率数百名伏兵从两侧杀出，迅速解决了吴王僚的卫队。姬光于是继吴王位，名号阖闾。

姬光为了篡位，长时期地对吴王僚苦作笑颜，一味地去迎合吴王僚；而一旦时机成熟，姬光仍然能摆出一副毕恭毕敬的模样，直到最后时刻，他才会不惜一切代价地去展现他真正的刺杀目的。其实，吴王僚也多少感到了姬光的伪装，并有过严密的防护举措，却只叹，姬光的“笑”隐蔽得太深，这也是“笑里藏刀”的玄机所在。

专诸刺杀吴王僚

关羽痛失荆州

三国时期，由于荆州地理位置十分重要，成为兵家必争之地。217 年，

鲁肃病死。孙、刘联合抗曹的“蜜月”已经结束。当时关羽镇守荆州，孙权久存夺取荆州之心，只是时机尚未成熟。不久以后，关羽发兵进攻曹操控制的樊城，怕有后患，留下重兵驻守公安、南郡，保卫荆州。孙权手下大将吕蒙认为夺取荆州的时机已到，但因有病在身，就建议孙权派当时毫无名气的青年将领陆逊接替他的位置，驻守陆口。

陆逊上任，并不显山露水，定下了与关羽假和好、真备战的策略。他给关羽写去一封信，信中极力夸耀关羽，称关羽功高威重，可与晋文公、韩信齐名。陆逊自称一介书生，年纪太轻，难担大任，要关羽多加指教。关羽为人，骄傲自负，目中无人，读罢陆逊的信，仰天大笑，说道：“无虑江东矣。”马上从防守荆州的守军中调出大部人马，一心一意攻打樊城。陆逊又暗地派人向曹操通风报信，约定双方一起行动，夹击关羽。

关羽画像

孙权认定夺取荆州的时机已经成熟，派吕蒙为先锋，向荆州进发。吕蒙将精锐部队埋伏在改装成商船的战船内，日夜兼程，突然袭击，攻下南部。关羽得讯，急忙回师，但为时已晚，孙权大军已占领荆州。关羽只得败走麦城。

古为今用

袁世凯一路高升

袁世凯早年发迹于朝鲜，归国后在天津小站训练新军。1896 年，袁世

凯曾加入过康有为等组织的“强学会”，貌似进步，迷惑了一班子书生气十足的维新人士，光绪帝对他也寄予莫大的希望。

1897年，袁世凯任直隶按察使。为了寻求支持变法的军事力量，光绪帝于9月16日在玉澜堂接见了他。光绪帝先问他新政是否合宜？袁世凯满口赞扬。光绪心里高兴，又问他：“要是让你统率军队，你肯对朕忠心耿耿吗？”袁世凯马上磕头发誓：“臣当竭力报答皇上厚恩，一息尚存，必思报效。”

第二天，光绪帝就降谕拔擢袁世凯为侍郎候补，令其专办练兵事务，以此拉拢袁世凯支持变法。

袁世凯

1897年9月18日晚，维新派首领谭嗣同冒着生命危险，悄悄到法华寺袁世凯的住处，坦率说明自己来访的目的，动员袁世凯杀掉荣禄，包围颐和园，迫使慈禧等就范，保护新政，救护光绪。否则就请他去颐和园告发，牟取荣华富贵。袁世凯当场慷慨激昂地表示：“袁某与谭君都受到光绪皇帝的非常之遇，救护之责，非独足下。”还拍着胸脯说：“诛荣禄如杀一狗耳！”

1897年9月20日，袁世凯离京请训时，光绪帝再一次在乾清宫召见他，除勉励袁世凯好好训练新军外，还谆谆嘱咐，要他保护新政，并赐密诏一道，表示对袁世凯的信任。以光绪帝、康有为等为首的维新党，既无政权，又无军权，两手空空，却要对付慈禧这一帮根深蒂固的封建顽固势力。大祸临头之际，只得孤注一掷，寄希望于这个外表拥护新法的袁世凯。谁知袁世凯一到天津，便直奔荣禄住处告密。荣禄连夜赶回京城，直抵颐和园乐青堂求见慈禧太后。慈禧半夜爬起来听了荣禄的报告，气得七窍生烟，即刻带领大批随从摆驾还宫。于是，百日维新就此夭折，慈禧太后再次登上九龙宝座，开始“训政”，变法君子被杀，光绪被囚瀛台。

袁世凯因告密有功，受到慈禧的宠爱，官位一升再升，最终成了影响清政府内政外交的北洋集团的首脑人物。

第十一计　李代桃僵

【原　文】

势必有损，损阴以益阳①。

【注　释】

①损阴以益阳：阴，此指某些细微的、局部的事物。阳，此指某些带整体意义的、全局性的事物。

【译　文】

当局势发展到必受损失时，为了使劣势转为优势，应尽量牺牲局部以保大局，牺牲眼前以图长远。

编者解读

“李代桃僵”之计在不同情况下的表现形式虽然各具特色，但归根结底都带有“代”的底色。想要运用好“李代桃僵”之计，需要做到以下三点。

第一，正确处理好“李”与“桃”的关系。“李”表示牺牲的一方，“桃”表示被保全的一方。施行此计的关键是在战场上出现了需要“李代桃僵”的形势时，就既要有做“桃”者，也要有做“李”者。这就要求各级指挥官要能够选贤任能，部属则要有勇于牺牲、以成大局的精神。同时，“李”与“桃”的分量要衡量好，应注意“李”轻“桃”重，不能顾此失彼，更不能反向替代，要确保“李”能成功代“桃”，否则，就可能“桃”僵“李”也枯。

第二，指挥官要有“大将之风”。指挥官要会“算账”。在激烈的战斗中，自己一点代价也不付出的所谓“全胜”一般是不存在的，以相对少的损失换取最终胜利，是划算的。因此，在事关全局的问题上，必须舍得以“李”代“桃”，以某个局部的暂时失利，集中资源获得整体的、长远的得利，即所谓“变害为利”，这是每个指挥官都应具备的眼光和能力。

第三，充分把握使用“李代桃僵”的分寸。“李代桃僵”之计在军事行动中仍属于一种“奇”计。战争的胜负最终往往还是由正面决战所决定，

需要硬实力、真“肌肉”。此外，“李代桃僵”在充满信息不对称的战场上，在敌强我弱的战争态势下相对比较有用，当形势不同时，片面强调“李代桃僵”会造成喧宾夺主的结果。因此，对于“李代桃僵”之计的使用，一定要掌握火候和分寸，从而确保战略或战术目的的达成。

如果无原则地承揽别人的过错，很容易被利用，成为别人的挡箭牌、替罪羊。所以，在包揽罪过时，要分清对象，最好非己之过不要去揽，以防作出无谓的牺牲。同时，争执是非之地不要久留，以防被人栽赃、嫁祸。承受了不白之冤一定要及时申诉，因为蒙冤的背后肯定有另一个人逍遥法外、幸灾乐祸。因此，一旦发现自己做了替罪羊时，要奋起反抗，不可忍耐，不必无缘无故代人受过。

赵氏孤儿

春秋时期，晋国的大奸臣屠岸贾鼓动晋景公灭掉对晋国有大功的赵氏家族。屠岸贾率三千人把赵府团团围住，把赵家全家老小，杀得一个不留。幸好赵朔之妻庄姬公主在事发之前已被秘密送进晋国王宫中。屠岸贾闻讯后，意欲赶尽杀绝，要晋景公杀掉公主。晋景公念在姑侄情分上，不肯杀庄姬公主。此时庄姬公主已身怀有孕，屠岸贾见晋景公不杀她，就设下斩草除根之计，准备杀掉婴儿。公主生下一男婴，屠岸贾亲自带人入宫搜查，但晋国忠臣韩厥让自己的一个心腹假扮医生，入宫给公主看病，用药箱偷偷把婴儿带出宫外躲过了搜查。屠岸贾估计婴儿已被偷送出宫，立即悬赏缉拿。

赵家忠实门客公孙杵臼与程婴商量救孤之计：如能将一婴儿与赵氏孤儿对换，我带这一婴儿逃到首阳山，你便去告密，让屠贼搜到那个假赵氏

遗孤，方才会停止搜捕，赵氏嫡脉才能保全。程婴的妻子此时正生一男婴，他决定用亲子替代赵氏孤儿。他以大义说服妻子忍着悲痛把儿子让公孙杵臼带走。程婴依计，向屠岸贾告密。屠岸贾迅速带兵追到首阳山，在公孙杵臼居住的茅屋，搜出一个用锦被包裹的男婴。于是屠贼摔死了婴儿。他认为已经斩草除很，放松了警戒。程婴得知自己的儿子被屠贼摔死，强忍悲痛，带着孤儿逃往外地。过了十五年后，孤儿长大成人，知道自己的身世后，在韩厥的帮助下，兵戈讨贼，杀了奸臣屠岸贾，报了大仇。

程婴见赵氏大仇已报，陈冤已雪，于是他不肯独享富贵，拔剑自刎，死后与公孙杵臼合葬一墓，后人称“二义冢”。他们的美名千古流传。

李牧灭蟾褴

战国后期，赵国北部经常受到匈奴蟾褴国及东胡、林胡等部骚扰，边境不宁。赵王派大将李牧镇守北部门户雁门。

李牧上任后，日日杀牛宰羊，犒赏将士，只许坚壁自守，不许与敌交锋。匈奴摸不清底细，也不敢贸然进犯。李牧加紧训练部队，养精蓄锐，几年后，兵强马壮，士气高昂。

公元前 250 年，李牧准备出击匈奴。他派少数士兵保护边寨百姓出去放牧。匈奴人见状，派出小股骑兵前去劫掠，李牧的士兵与敌骑交手，假装败退，丢下一些人和牲畜。匈奴人占得便宜，得胜而归。匈奴单于心想，李牧从来不敢出城征战，果然是一个不堪一击的胆小之徒。于是，匈奴单于亲率大军直逼雁门。

李牧料到骄兵之计已经奏效，于是严阵以待，兵分三路，给匈奴单于准备了一个大口袋。匈奴军轻敌冒进，被李牧分割几处，逐个围歼。单于兵败，落荒而逃，蟾褴国灭亡。李牧用小小的损失，换得了全局的胜利。

李牧画像

古为今用

饭店经理的妙招

日本的古都奈良，位于青山环抱之中，这里既有金碧辉煌的古迹名胜；又有小白长红、迎春摇曳的樱花，加之现代化的娱乐设施与世界上的一流旅店，殷勤周到的服务，使每年春夏两季的各国游客接踵而至。4 月以后，燕子又争相飞来，纷纷在宾馆饭店筑巢栖息，繁衍后代，给奈良平添了一种温馨怡人的自然景观。好客的店主人和服务员，很乐意为小燕子提供营巢的方便。

可是，招人喜爱的小燕子却有个随便排泄的毛病，刚出壳的雏燕更是把粪便溅在明净的玻璃窗上、雅洁的走廊里。旅店的服务员尽管不停地擦洗，但燕子们的我行我素总使旅店留下污渍。这使游客非常扫兴，服务员也开始抱怨了，宾馆饭店的经理们锁紧了眉头。他们知道，要想彻底清除小燕子的粪便污渍只有两个办法，一是增添员工，二是赶走小燕子。但试过之后都行不通，小燕子的粪便污渍有碍观瞻，这成了奈良旅游业发展的一大难题，已经影响到了整个景区的繁盛。

有一天，奈良饭店的经理在接待台湾的一个旅行团时，偶尔听到了一个中国的成语“李代桃僵”。请教之后才知道大意是代人受过，他马上想起了无法对付的小燕子的粪便污渍，不由心中一亮，为什么不能让小燕子代本店受过呢？于是，他绞尽脑汁，以小燕子的名义拟了一则奇特的启示：

女士们、先生们：

我们是刚从南方赶到这儿来陪伴你们过春天的小燕子，没有征得主人的同意，在这儿筑了窝，还要生儿育女。我们的小宝贝年幼无知很不懂事，我们的习惯也很不好，常常弄脏你们的玻璃和走廊，使你们不愉快，我们很过意不去，请女士们、先生们多多原谅。

还有一件事恳求女士们和先生们，请你们千万不要埋怨服务员，她们是很辛苦的，只是擦不胜擦，这完全是我们的过错，请你们稍等一会儿。她们就来。

你们的朋友—小燕子

小燕子这天真烂漫的道歉，把寻找欢乐的游客们逗得前仰后合，他们肚子里的那股怨气也在笑声中悄然散去。每当他们再看到窗上、走廊里的点滴粪便污渍，就会自然而然地想起小燕子那亲昵风趣的话语，又会忍俊不禁。

其实，大凡旅游者都有一个心理特点，就是一旦获得愉悦的感受，便会很快淡忘旅行中的些小不快，奈良饭店经理的妙方，正是抓住了旅游者的心理特征，巧妙地化解了他们的不满情绪，使他们带着美好的回忆，告别了迷人的古都奈良。

奈良美景

第十二计　顺手牵羊

【原　文】

微隙在所必乘[①]；微利在所必得。少阴，少阳[②]。

【注　释】

①微隙在所必乘：微隙，微小的空隙，指敌方的某些漏洞、疏忽。

②少阴，少阳：少阴，此指敌方小的疏漏；少阳，指己方小的得利。此句意为己方要善于捕捉时机，伺隙蹈虚，变敌方小的疏漏而为己方小的得利。

【译　文】

敌人出现微小的间隙也必须乘机利用；发现微小的利益也要力争获得。要善于利用敌人的微小疏忽和过失，为己方的胜利提供微小的服务。

编者解读

顾名思义，“顺手牵羊”的本意是趁机拿走属于别人的财物。后人形象地将其比喻为趁敌人暴露出的小间隙，向其薄弱处发展，创造和捕捉战机，逐步削弱敌人的力量，增强与壮大自己的实力。这个增强与壮大，恰恰来自敌人，而非别处。

从一般意义上说，“顺手牵羊”之计含有在完成任务的过程中，看准敌方空子，果断出击，顺势“捞”一把的意思。而这种空子是在双方对垒过程中突然暴露的，不是事先能够预料的。即“顺手牵羊”的“牵”，并不是专门去取、去要，原文的目的也并不是去牵“羊”，甚至还不知道有“羊”可牵，但在做主要事情的同时，却无意中发现了“羊”这个可取之利。而至于“微隙”能否利用，是否必胜，还要从全局进行考虑，不可因小失大。

运用“顺手牵羊”之计时，必须了解以下几点。

第一，理解此计的内涵。“顺”是无意之间的捎带，而不是有意为之。能否顺手牵到“羊”，只能靠自己的观察、分析、寻找、捕获，抓住敌方弱点，方有所获，这是最重要的。

第二，用好此计，关键在于主观努力。打胜仗时可以用，打败仗时也可以用。古今中外很多绝处逢生的战争，就是获胜方在最初大败之时还能静下心来观察局势，寻找和利用敌人可能出现的过失，哪怕过失极小，都可以让人反败为胜。因此，败不馁极其可贵。

第三，要活用“顺手牵羊”之计，更要有积极的准备，自己去创造机会并利用一切机会。

第四，不要在以下两种情况时“顺手牵羊”。一是在影响主要目标的实现时，不能捡了芝麻丢了西瓜。二是不要在不“顺手”的情况下强行取利，要以大局为重，得之顺便，获之顺势。

当敌人实施“顺手牵羊”之计时，我们首先要尽量避免出现漏洞，这样敌人就无机可乘。而事先的周密计划和事中的严密组织，是防止间隙出现的有效手段。其次，“亡羊”后要及时“补牢”。及时发现，及时反馈，及时弥补。当机立断，不存有侥幸心理，以避免丢失更多的“羊”。最后，要提高警惕，严防死守。敌人在牵羊之前，难免会神色慌张，坐立不安。要善于辨别，一旦发现与己方有利益冲突的人接近“羊群”，决不可不闻不问，听之任之。要随时严阵以待，保全自己的利益不受损害。

苻坚兵败淝水

383 年，前秦统一了黄河流域地区，势力强大。前秦王苻坚坐镇项城，调集九十万大军，打算一举歼灭东晋。他派其弟苻融为先锋攻下寿阳，初战告捷，苻融判断东晋兵力不多并且严重缺粮，建议苻坚迅速进攻东晋。苻坚闻讯，不等大军齐集，立即率几千骑兵赶到寿阳。东晋将领谢石得知前秦百万大军尚未齐集，抓住时机，击败敌方前锋，挫敌锐气。谢石先派勇将刘牢之率精兵五万，强渡洛涧，杀了前秦守将梁成。刘牢之乘胜追击，重创前秦军。谢石率师渡过洛涧，顺淮河而上，抵达淝水一线，驻扎在八公山边，与驻扎在寿阳的前秦军隔岸对峙。苻坚见东晋阵势严整，立即命令坚守河岸，等待后续部队。

谢石看到敌众我寡，只能速战速决。于是，他决定用激将法激怒骄狂的苻坚。他派人送去一封信，说道："我要与你决一雌雄，如果你不敢决战，还是趁早投降为好。如果你有胆量与我决战，你就暂退一箭之地，放我渡河与你比个输赢。"苻坚大怒，决定暂退一箭之地，等东晋部队渡到河中间，再回兵出击，将晋兵全歼水中。他哪里料到此时秦军士气低落，撤军令下，顿时大乱。秦兵争先恐后，人马冲撞，乱成一团，怨声四起。这时指挥已经失灵，几次下令停止退却，但如潮水般撤退的人马已成溃败之势。这时谢石指挥东晋兵马，迅速渡河，乘敌人大乱，奋力追杀。前秦先锋苻融在乱军中被东晋军杀死，苻坚也中箭受伤，慌忙逃回洛阳。前秦大败。淝水之战，东晋军抓住战机，乘虚而入，是古代战争史上以弱胜强的著名战例。

闯王夺取洛阳

明朝末年，老百姓生活在水深火热之中，纷纷揭竿而起。1640 年 7 月，

张献忠率领农民起义军攻入四川，明朝主力大军全部入四川围剿，河南一带的防务变得十分脆弱。农民起义军领袖李自成乘此机会迅速壮大了自己的力量，并且连续取得攻克宜阳、偃师、新安等城池的胜利。

宜阳、偃师和新安属豫西重镇洛阳的外围。明朝福王朱常洵就住在洛阳。朱常洵的母亲是神宗朱翊钧的爱姬，朱翊钧爱屋及乌，对朱常洵也格外宠爱，把大量金银财物赏赐给他。朱常洵金银无数，却异常吝啬，不但洛阳城的百姓怨恨他，就是他府中的兵丁也时有不满。官府的军队大多抽调入四川去平定张献忠，洛阳城中已无多少将士，因此，洛阳城在这个特殊的时刻，变成了一座“兵弱而城富”的重镇。

李自成当然不会轻易放过攻取洛阳城的大好机会。1641 年正月，李自成率起义军兵临洛阳城下，拉开了攻城的序幕。

生死关头，福王朱常洵竟只顾自己，调集亲兵保护府库，对于城头上的战事不闻不问。守城将领一再要求朱常洵发放银两，犒赏守城士卒，朱常洵狠狠心才拨出三千两白银，可是，区区三千两白银还被总兵王绍禹等人私吞了。朱常洵忍痛又拨出一千两，士兵们因分配不均而争斗不止，最后竟发展成兵变。士兵们将兵备道王允昌捆绑起来，将城楼烧毁，又打开北门，迎接起义军入城。总兵王绍禹见大势已去，仓皇弃城逃命，福王也企图缒城逃跑，但没跑多远，就被起义军抓获。起义军打开福王粮仓赈济城内老百姓，举城欢腾。

李自成只用极小的代价就轻易地夺取了洛阳城。李自成抓住机会，积极行动，轻而易举地拿下了洛阳，为推翻明朝做了很好的准备。

李自成画像

聪明的营业员

在一家组合音响的销售门市部里，一对正在筹办婚事的情侣看中一台式样别致、功能齐全、音色柔美的高级组合音响。

善于察言观色的营业员见二人踯躅不前，判断二人已产生了一定的购买欲望，但有可能又有难言之隐。为促使买卖成交，营业员便主动上前热情地为他们介绍该音响的特点、主要操作方法及市场上的销售状况、用户的反应等，以此证明该音响价廉物美，质量上乘，操作方便，深受广大消费者的喜爱。

看看二位有些心动，不住地点着头，营业员又乘胜追击，诚心诚意地说："新婚家庭添置一台音响，将会增加一份温馨的甜蜜，更添一种浪漫、快乐情怀，是绝对少不了的呀！"继而又主动为二人进行了必要的试机。紧接着又为他们进行了一系列的服务，所有的条件都得到满意答复后，二人高兴地以双方能接受的价格成交了。

事后，在场的人们无不佩服这位营业员乘隙而入、顺势而取的谈判技巧。实际上，他之所以能获得谈判的圆满成功，还在于他事先心中有"羊"；否则，即使有了"顺手"之机，也牵不回羊，空留遗憾。

第3章　攻战计

攻战计是《三十六计》第三套计谋，包括打草惊蛇、借尸还魂、调虎离山、欲擒故纵、抛砖引玉、擒贼擒王六计。所谓攻战计，意指必须知彼知己，果断勇敢地面对战争中所遇到的各种问题，并采取积极的态势，寻求敌方的弱点。

第十三计　打草惊蛇

【原　文】

疑以叩实[①]，察而后动；复者，阴之媒也[②]。

【注　释】

①疑以叩实：叩，问，查究。意为发现了疑点就应该查究清楚。
②复者，阴之媒也：复者，反复去做，即反复去叩实而后动。阴，此指某些隐藏着的、暂时尚不明显或未暴露的事物、情况。媒，媒介。句意为反复叩实查究，而后采取相应的行动，实际是发现隐藏之敌的重要方法。

【译　文】

发现了疑点，就应该查究清楚，情况完全掌握了才可以采取行动。要反复侦查研究，而后采取相应的行动，这是发现隐藏之敌的重要方法。

编者解读

“打草惊蛇”的原意是通过打草，使藏在草里的蛇受到惊吓而逃窜。后引申为在敌方兵力没有暴露、行踪诡秘可疑、意向不明时，切不可轻敌冒进，应该仔细侦察，充分掌握敌方的兵力部署、行进路线等情况后再付诸行动。

蛇一般是隐藏在草丛中的，要发现蛇的前提就是打草，打草是为惊蛇而作准备的。如果地形不利，或者没有足够有力的工具打蛇，那么即使蛇已经暴露在我们面前，也要暂缓行动，以防蛇跑掉，失去机会。在“打草惊蛇”中，“草”与“蛇”是性质完全不同而联系又极其紧密的两种事物。“蛇”依靠“草”进行隐蔽，“草”是“蛇”的保护伞。如果有敌情，“草”可以及时向“蛇”传递信息。

“打草惊蛇”有以下几个目的，有助于我们更好地理解此计。

第一，惊出蛇。当前方道路不明时，可以通过打草或投石制造声响，敌人误以为己方已经行进到跟前，便会主动出击，结果暴露了自己。这是

一种间接的侦察方法，主要是为了摸清蛇的位置、力量、意图、动向等情况，以便于躲避，或将蛇引出来，将其消灭。

第二，惊醒蛇。世界上的事物相互联系、相互影响，触动其一，往往会牵带出许多相关的事物。可以利用这个特点，打击惩处甲，达到警告乙的目的，是一种间接警告的策略。

第三，惊走蛇。要想把行进途中危险的蛇赶跑，可以通过击打路边的草来实现，是一种有效而没有危险的计策。这种间接的驱赶方法尤其适用于不便或不愿意与敌人进行直接接触，而只需要将其赶跑的情形。

对于敌人的“打草惊蛇”之计，我们首先要静观其变，不泄露机密。要花心思研究其隐藏的方式，做到隐秘而巧妙静待出击的良机，。不给敌人发现己方踪迹的机会，更不能让敌人看出我们的意图，切勿自我暴露。其次，要辨清敌方行动的真伪，切记不可盲目行动。敌人常常会采取虚张声势的方法来迷惑我们，以试探己方的行动意图及目标轨迹。我们完全可以从敌方的攻击力度来判别己方是否已暴露。如果敌方的攻击集中、猛烈而准确，那么敌人很有可能已经识破我们的行动计划；如果打击是分散、间断且不时变换方向的，说明敌人只是在做各种试探，这时我们就要沉得住气了。最后，要给自己留好后路。为避免敌人打草后伤害到我们，隐藏时就要规划好退路，以便主动而悄无声息地退走。

秦军崤山惨败

公元前627年，秦穆公发兵攻打郑国，他希望安插在郑国的卧底能里应外合，助其夺取郑国都城。大夫蹇叔认为秦国离郑国路途遥远，如此兴师动众长途跋涉，郑国肯定会做好迎战准备。秦穆公不听，派孟明视（百

里溪之子）等三帅率部出征。蹇叔在部队出发时，痛哭流涕地警告说，恐怕你们这次袭郑不成，反会遭到晋国的埋伏，只有到崤山去给士兵收尸了。果然不出蹇叔所料，郑国得到了秦国袭郑的情报，逼走了秦国安插的卧底，做好了迎敌准备。

秦军见袭郑不成，只得回师，但部队长途跋涉，十分疲惫。部队经过崤山时，仍然不作防备。他们以为秦国曾对晋国刚死不久的晋文公有恩，晋国不会攻打秦军。哪里知道，晋国早在崤山险峰峡谷中埋伏了重兵。

一个炎热的中午，秦军发现晋军小股部队，孟明视十分恼怒，下令追击。追到山隘险要处，晋军突然不见踪影。孟明视一见此地山高路窄，草深林密，情知不妙。这时鼓声震天，杀声四起，晋军伏兵蜂拥而上，大败秦军，生擒孟明视等三帅。

正因秦军不察敌情，轻举妄动，打草惊蛇，最终遭到惨败。

李自成围困开封

1642年，李自成率部围困开封。崇祯皇帝连忙调集各路兵马，援救开封。李自成部已完成了对开封的包围部署。明军二十五万兵马和一万辆炮车增援开封，集中在离开封西南四十五里的朱仙镇。

李自成为了不让援军与开封守敌合为一股，在开封和朱仙镇分别布置了两个包围圈，把明军分割开来。又在南方交通线上挖一条长达百里、宽为一丈六尺的大壕沟，一断明军粮道，二断明军退路。

明军各路兵马，貌合神离，心怀鬼胎，互不买账。李自成兵分两路，一路突袭朱仙镇南部虎大威的部队，起到“打草惊蛇”的作用，一路牵制力量最强的左良玉部队。击溃虎大威部后，左良玉果然因被围困得难以脱身，人马损失过半，拼命往西南突围。李自成故意放开一条路，让败军溃逃。哪知，左良玉退了几十里地又遇截击，面临李自成挖好的大壕沟，马过不去，士兵只得弃马渡沟，仓皇逃命。这时等在此地的伏兵迅速出击，明军人仰马翻，尸填沟堑，全军覆没。

崇祯画像

试销的妙用

在商业活动中，信息是企业竞争获胜的重要法宝。为促销商品，商家可采用先试销一些产品来获取市场信息，作为拓展市场的一种方法。这是“打草惊蛇”“投石问路”的营销方略。运用“打草惊蛇”之计，容易探明市场对某一产品的潜在需求，降低经营中的风险，同时改变消费者的认知，使经营和销售获得成功。

例如，“安静的小狗”是一种松软猪皮便鞋的牌子，由美国沃尔弗林环球股份公司生产。在其问世时，该公司为了解消费者的心理，采取了独特的试销方法：先把 100 双鞋无偿送给 100 位顾客试穿 8 周。之后，公司派人登门通知顾客收回鞋子，若想留下，每双付款 5 美元。其实，公司并非真想收回鞋子，而是想知道 5 美元一双的猪皮便鞋是否有人愿意买。结果，绝大多数试穿者把鞋留下了。得到这个消息，沃尔弗林公司大张旗鼓地开始生产、推销。结果，公司以每双 7.5 美元的价格，销售了几万双“安静的小狗”。

胡雪岩画像

无独有偶，我国清代著名的红顶商人胡雪岩，为了扩大企业的影响，曾将“辟瘟丹”免费发放三年，经广大群众试用，打响了企业的品牌。

由此可见，企业生产某种新产品，是在可行性调查的基础上进行试产。新产品投放市场后，仍要继续调查研究，一般有一个试销的过程，根据情况好坏才决定能否成批生产。因此，“试销”就是“打草惊蛇”之计的一种运用。

第十四计　借尸还魂

【原　文】

有用者，不可借①；不能用者，求借②。借不能用者而用之，匪我求童蒙，童蒙求我③。

【注　释】

①有用者，不可借：意为世间许多看上去很有用处的东西，往往不容易去驾驭而为己用。

②不能用者，求借：此句意与①句相对言之，即有些看上去没有什么用途的东西，往往有时还可以借助它而为己发挥作用。犹如我欲“还魂”还必得借助看似无用的“尸体”的道理。此言兵法，是说兵家要善于抓住一切机会，甚至是看上去没有什么用处的东西，努力争取主动，壮大自己，并即时利用而转不利为有利，乃至转败为胜。

③匪我求童蒙，童蒙求我：语出《易经·蒙》卦。蒙，八卦名。本卦是异卦相叠（下坎上艮）。本卦上卦为艮为山，下卦为坎为水为险。山下有险，草木丛生，故说“蒙”。这是蒙卦卦象。这里“童蒙”是指幼稚无知、求师教诲的儿童。此句意为：不是我求助于愚昧之人，而是愚昧之人有求于我了。

【译　文】

凡是自身能有所作为的人，往往难以驾驭和控制，因而不能为我所用；凡是自身不能有所作为的人，往往需要依赖别人求得生存和发展，因而就有可能为我所用。将自身不能有作为的人加以控制和利用，这其中的道理，正与幼稚蒙昧之人需要求助于足智多谋的人，而不是足智多谋的人需要求助于幼稚蒙昧的人的道理一样。

编者解读

“借尸还魂”之计的实质是利用已经处于衰亡事物中的某些有利形势，

增添进生机勃勃、强而有力的新内容，从而改变原样，使其出现新的面貌。也就是利用别人看来无用但又可以接受的东西，来个与“换汤不换药”相反的办法—“换药不换汤”。这种转换，有时对成功、对达到某种目的具有难以替代的积极作用。这种策略看来似乎是匪夷所思，让人难以置信，却是真实地存在着，而且还实实在在地获得了成功。

“借尸还魂”之计的运用强调的是一种主动性，不管形势怎样不断变化，如果能够发现和利用一切可以利用的力量和条件，敢于并善于使用这一计谋，即使己方处于被动局面，也能够化被动为主动，改变战争形势并取胜。

运用“借尸还魂”的关键在于“借”，即能够发现和利用一切可以利用的力量。其前提首先在于情报的搜集和整理，即决策者能够准确把握和分析敌我双方的实力对比、优劣变化以及条件、环境等各方面信息，作出准确的决策。

做好情报分析的目的就是要搞清楚能“借”什么，那么下一步就要思考如何“借”。若最终只是“借尸还尸”，那么一切都毫无意义，如果过分强求，丧失了自己的根基，反而得不偿失、“借尸伤魂”。所以，把握好度，不妥协、不强求才是“还魂”的正确做法。

在军事上，“借尸还魂”主张：即使在已经丧失战争主动权的情况下，也应该利用一切可以利用的机会，转败为胜。因此，指挥官一定要善于观察和分析战争中各种力量的变化，善于利用一切可以利用的力量。即使己方受挫，陷入被动，也要倾尽全力，网罗一切为己所用，争取达到取胜的目的。

当敌人对我们使用“借尸还魂”之计时，我们首先要彻底根除敌人留下的隐患，及时将其连根拔起，以防留下后患。其次，将我们能够加以利用的无用之物深深隐藏起来，以防被敌人利用。我们常常在无意间丢掉一些看似没有用处的东西，而狡猾的敌人很有可能早早就盯上了，试图再将其变为还魂时的所借之“尸”。敌人利用我们自己的东西来对付我们，是很可怕的事情，因此，要及时将这些东西深埋起来。最后，要时刻提高警惕，不被敌人制造的假象所迷惑，争取透过现象看本质。要识破敌人的“借尸还魂”计谋，就要透过敌方的假象看到藏在里面的真实。由表及里，进行分析判断，一旦发现敌人已经“借尸”，准备“还魂”，应该及时制止，破坏其企图。

经典战例

齐王刘泽重获兵权

汉高祖驾崩后，吕后独揽国家大权，为排除异己，大封吕氏一族，刘邦的后裔不是被杀，就是被削去了兵权。就在大家惶惶不可终日、无计可施时，齐王刘泽的一个部下田子春自告奋勇地站了出来。田子春要了两匹快马，飞速赶到汉都长安，并把两匹良马送给吕后的心腹——张石庆，从而获得了张石庆的信任，二人自此来往密切。

一天，田子春对张石庆说："你如果能使吕后封吕超、吕禄、吕产三人为王，吕后肯定很高兴，说不定你也能晋升为上大夫。"果然，吕后看了张石庆的奏折，正中她的下怀，马上封吕超为东平王、吕禄为西平王、吕产为中平王，张石庆也被封了个末厅宰相。事后，田子春又故作惊讶地对张石庆说："糟了，那是我酒后失言，刘氏在外的三个王听到这个事后，肯定要造反的。你不如再跟吕后说说，给刘氏三王一些兵权，这样，他们就不会造反了。"

张石庆本来就是个没主见的庸才，他赶忙给吕后进谏，吕后又召见宰相陈平商议，陈平本来就暗中支持刘泽三人，也唆使吕后恢复他们的兵符。刘泽如愿获得兵权，与田子春会合，赶紧拔寨起程，率二十五万大军，浩浩荡荡地回山东去了。张石庆此时才知道，田子春是刘泽的谋臣，而吕后得知实情后，更是严厉地查办了张石庆。

汉代玉印皇后之玺（被认为是吕雉的信物）

曹操挟天子以令诸侯

东汉末年，天下大乱，群雄逐鹿。曹操胸怀大志，决心改朝换代，统

一中原。

古代圣贤说过：名不正则言不顺，言不顺则事不成。曹操一度为自己大动干戈的名义问题而苦恼。谋士对曹操说：“在历史上，晋文帝接纳了周襄王，各地诸侯便纷纷投靠于他。汉高祖为义帝孝服东征，天下之人都归心于他。自天子蒙难，您首倡义兵以来，无时无刻不感念汉室。现在，天子已到达洛阳，正是您建功立业的大好时机。您若把天子迎奉到许都，至少有三点好处：一可以顺从民心，得到百姓的拥戴；二可以借辅佐天子之机，使各地诸侯顺服；三可以取义于天下，使英才前来投效。到那时谁能与您相比呢？”

曹操闻言大喜，遂亲赴洛阳，将汉献帝奉迎至许都。说是“奉迎”，实际上是“挟持”。自此，曹操挟天子以令诸侯，成为权倾朝野的枭雄。

奉迎天子，以令诸侯，确实有利可图。曹操欲借已经衰落的汉朝之“尸”，还自己成为中原霸主之“魂”。曹操这一谋略对于他日后的发展起了举足轻重的作用。

汉献帝画像

赫贝奇借钱生财

亚历克斯·威廉·赫贝奇生于1930年，自从他呱呱落地起，人们就发现这个孩子比别人“多长了一条舌头”，因为人们总分不清他是在说真话还是在说假话。他的这套本领很快表现在创办各种公司上，而且很早就背上了破产者的名声。这种名声可不是什么好东西，不仅使他成为市场管理机构追捕的对象，无论他做什么生意，只要是在英国政府管辖的范围之内，赫贝奇就难以容身，而且好几次被追得屁滚尿流，以致飞走了一只又一只辛苦煮熟了的鸭子。

于是赫贝奇迁居苏黎世，在那里他如鱼得水，在可可、铜、白银等商品的现货、期货交易中大获利润。1967—1968年，他投资2.5万英镑为德国的互助基金客户设立一个证券交易所。广告在报上登载出来以后，社会游资汹涌而来。

不到3个月，他的公司就从一间房间变成整整一座楼房，雇员也从几个变成几百个，客户账款一天多达2亿～3亿美元。但是好景不长，1970年年末，纽约股市骤跌250点，人人急于抛出，赫贝奇又从财富顶端跌落下来。而且祸不单行，1971年，赫贝奇在查看一艘新买下来的游艇时，在甲板上滑倒，一直摔到舱底，还摔断了一条腿。更糟的是警方也来搜查，公司倒闭，留下债务达5000万英镑。其后他继续挣扎，先后又开了7个公司，也都以失败告终。

1973年，赫贝奇回国，但待不住，又跑到安道尔，创办《商品研究文摘》。这时是他最落魄的时期。但是赫贝奇至此已历经磨难，且钻通了市场公司学，1981年回到英国之后，就花掉46万英镑买下兰克勋爵的地产萨顿庄园，以此开办一系列的国际公司，像撒豆一样，大大小小达66个。

赫贝奇的戏法主要是设立互助基金，以高额利息吸收国际游资。其中尤其是美国的客户，他付给介绍来生意的代理商0.75%的佣金，由此吸引来的资金多得不计其数。

第十五计 调虎离山

【原 文】

待天以困之[①]，用人以诱之[②]，往蹇来连[③]。

【注 释】

①待天以困之：天，指自然条件或客观形势。此句意为战场上己方等待自然条件或客观形势对敌方不利时，再去消灭他。

②用人以诱之：用人为的假象去诱惑他（指敌人），使他就范。

③往蹇来连：语出《易经·蹇》卦。蹇，卦名。本卦为异卦相叠（艮下坎上）。上卦为坎为水，下卦为艮为山。山上有水流，山石多险，水流曲折，言行道之不容易，这是本卦的卦象。蹇，困难；连，艰难。这句意为：往来皆难，行路困难重重。

【译 文】

善于利用上天赋予己方的有利条件给敌方造成困难，采用人为的假象引诱敌人就范。既然对敌人进攻会有危险，那么，引诱敌人出战反而对己方更有利。

编者解读

所谓“调虎离山”，就是把老虎调至深山之外。将老虎诱至深山之外干什么呢？是为了便于捕杀。古人云：山高林深，必有老虎出没。山林是虎的巢穴，虎踞山林之中，当然更有威势。要想在山林中与虎相斗，势必难以取胜，而如果能将其诱出，使其离开巢穴，变优势为劣势，要一举成功，便容易多了。

“调虎离山”之计运用在军事上，是一种调动敌人的策略。虎，指代敌方；山，指代敌方占据的有利地势。强敌占据地利相当于强上加强，就像百兽之王老虎，如果占据大山，借百兽以增势，便可横行无忌。而当老虎失去有利地形，加上与百兽分开，便大大分散、减弱了虎势，此时再消灭它就容易得多。因此，面对占据有利地势的强敌，不要轻易强攻，要设法诱骗、调动其离开优厚的自然条件，己方取胜的可能性才会更大。“调虎离山”

的核心在于“调”字。“调”要做到巧妙灵活，隐真示假，既要达到让“虎”离山的目的，又不至于让“虎”反咬一口。

因此，在运用调虎离山之计时，要灵活运用“调虎”的技巧。一般而言，可以采取如下方式：其一，利用各种手段迷惑敌人，造成敌人在判断上的失误。或者根据敌人的特点和需求，以多种利益进行诱骗，促使敌人离开其有利地势或赖以生存之地，形成对己方有利的局势。其二，激怒敌人，使其丧失理智，最后茫然无措，只得离开。其三，在敌人的内部或外部制造混乱，敌人为了自保就会逃离。其四，断其后援根本，使其感到原地不可留。其五，向敌人讲明形势，晓以利害，让其自动退让。不动干戈是上策，但有其局限性，敌人必须是明智之人，否则很难实行。

总之，“调虎离山”是让敌人失去所依所凭的一种方法。用得好，用得对，才能奏效。用得不好，或是让对手识破了，就会“聪明反被聪明误”，反受其害。因此，在利用调虎离山策略时，要充分把握以下三点。

第一，“调虎离山”之计一般在以下两种情况出现时使用：一是遇到实力强于自己的敌人，二是对敌方的固守无可奈何。这是一种弱者战胜强者的战略。但如果是强者对弱者使用此计，得手之后，取胜就更轻松了。

第二，“虎”是强者，并不能任由我们调遣，因此，“调”其实只能是“诱”。这是此计的关键，也是难点。要审时度势，因势利导，并防范敌人获悉己方动机。因此，“调”还要伪装得尽可能逼真，做到不露痕迹，不动声色，让敌人感觉必须“离”。

第三，“调虎离山”的目的在于诱使敌人出山后，寻机将其歼灭。因此，事先一定要有后续行动的充分准备，即“虎”失去了有利条件后，如何快速打击它。否则，待“虎”醒悟，虎再归山，要打就更不容易了。

当敌人使用“调虎离山”之计时，我们首先要抢占有利地势，并稳坐泰山，不为利诱所动。如果我们已经抢占了有利地形，就不能性急浮躁，轻易放弃这一优势。要经得住各种诱惑，并千方百计地诱使敌人来我们这里决战，这是问题的关键。其次，要能有去有回，灵活控制自己的根据地，不被敌人霸占。就是说，当我们不得已必须出击时，应该事先规划好归山之路，确保出得去，也回得来。同时要注意，离开山林不宜太远，以保证一有问题就可及时回营。最后，对适合自己的地形条件做到心中有数，但也不要过分依赖条件。我们应该清楚自己的特点，了解适合自己的条件。做到发现对自己有利的地势时可以前行，而对自己不利的地势，一定要尽早回避。这就是可以利用条件，但不能过分依赖条件的道理。

孙策取庐江

东汉末年，军阀并起，各霸一方。孙坚之子孙策，年仅十七岁，年少有为，继承父志，势力逐渐强大。199 年，孙策欲向北推进，准备夺取江北庐江郡。庐江郡南有长江之险，北有淮水阻隔，易守难攻。

孙策（右）和孙权（左）雕像

占据庐江的刘勋势力强大，野心勃勃。孙策知道，如果硬攻，取胜的机会很小。他和众将商议，定出了一条调虎离山的妙计。针对刘勋极其贪财的弱点，孙策派人给刘勋送去一份厚礼，并在信中把刘勋大肆吹捧一番。信中说刘勋功名远播，令人仰慕，并表示要与刘勋交好。孙策还以弱者的身份向刘勋求救。他说，上缭经常派兵侵扰我们，我们力弱，不能远征，请求将军发兵降服上缭，我们将感激不尽。刘勋见孙策极力讨好自己，万分得意。上缭一带，十分富庶，刘勋早想夺取，今见孙策软弱无能，免去了后顾之忧，决定发兵上缭。部将刘晔极力劝阻，刘勋哪里听得进去？他已经被孙策的厚礼、甜言迷惑住了。

孙策时刻监视刘勋的行动，见刘勋亲自率领几万兵马去攻上缭，城内空虚，心中大喜，说："老虎已被我调出山了，我们赶快去占据它的老窝吧！"于是立即率领人马，水陆并进，袭击庐江，几乎没遇到顽强的抵抗，就十分顺利地控制了庐江。刘勋猛攻上缭，一直不能取胜。突然得报，孙策已取庐江，情知中计，后悔已经来不及了，只得灰溜溜地投奔曹操。

司马懿夺权

曹魏第三任皇帝曹芳在位时，皇族曹爽为大将军，司马懿为太尉。曹爽无论资格、能力都远远比不上司马懿，他担心司马懿迟早会篡夺曹氏江山，就让魏少帝提升司马懿为太傅，实际上是剥夺了他的兵权。司马懿十分清楚曹爽的意图，为了不让曹爽进一步加害于他，他干脆装病不入朝。曹爽又派亲信李胜去探听虚实，司马懿故意装疯卖傻：仆人侍候他喝粥，他不能用手接，而是直接把嘴放到碗边喝，只见粥顺着碗边流下来，把他的衣物全打湿了。李胜见此情景，觉得司马懿病得不轻，回去一并告诉了曹爽，曹爽大松了一口气。

249 年 1 月，"病"中的司马懿乘机派人提醒魏少帝去祭祖，少帝果然领着他的王族及亲信全部出城祭祖。司马懿听报少帝一行刚出皇城，见"虎"已调出，立即披甲带枪，同他的两个儿子，率领兵马抢占了城门和兵库，并假传太后的诏令，撤了曹爽的军职。曹爽一行得知城里情况，一时慌了阵脚。他们都是些吃喝玩乐之辈，经司马懿轮番利诱与威逼，曹爽只得缴械投降。后来，司马懿以"谋反罪"，杀了曹爽一干人，如此，魏国的军、政大权尽归于司马一族。

电子游戏中的司马懿形象

华尔克夺取淘金航线

19 世纪 40 年代末，太平洋沿岸的美国加利福尼亚州发现了金矿。这一消息传开后，在美国和欧洲大陆很快出现了黄金热。成千上万的欧洲人，纷纷背井离乡到美洲去淘金，这些欧洲人大多是在纽约登陆的。当时前往旧金山的人往往要坐轮船绕道达至南美的最南端。一个叫范德比尔特的老

商人看到这是一个发财的好机会，决心开辟一条通过尼加拉瓜的航线，让人们走近路直达旧金山。他亲自到尼加拉瓜四处活动游说，最终和当时的总统查摩罗签订了一项秘密协定。这个协定规定：凡从尼加拉瓜过境船只均由范德比尔特负责。

从此，范德比尔特垄断了穿越尼加拉瓜船只的过境专有权，没出几年，老范德比尔特在这条航线上赚了好几百万美金。此事引起了一个年轻商人的注意，他是华尔克。华尔克眼看老范德比尔特靠这条航线，将大笔财富捞入腰包，自己从商好几年却一直没有太大成绩，十分嫉妒，于是决心把这条航线夺过来，据为己有。夺取一笔小生意好办，夺取一条航线谈何容易？老范德比尔特从商几十年，可谓商场老手，和他斗需要动一番心思。华尔克想：老家伙在国内政界、商界颇有影响，护卫成群，如果做得不好，也许适得其反，弄得自己身败名裂。

日思夜想，华尔克想出了一条调虎离山之计。他决定设法把老范德比尔特引诱出国，然后趁其不备下手。他首先用重金收买了范德比尔特的私人医生，请他对老范德比尔特说："您最近身体状况不太好，可能是劳累过度，建议您去法国休养一些时间，不然，您的心脏会有危险。"为了促使老范德比尔特出国休养，他还用钱收买了经常与范德比尔特有来往的一些夫人、太太们，让她们给范德比尔特的夫人、女儿和儿媳吹风，说："您家老先生面色不好，心脏又不太好，美国的气候太差了，再这样下去，恐怕生命会有危险。法国的巴黎最适合他这样的老人休养。"

家人一听十分着急，一天催他三四遍，让他出国休养。俗话说："三人成虎。"老范德比尔特本来身体没什么大毛病，自我感觉也挺好，但经不住许多人劝说，自己也怀疑身体是否真的不行了，于是，便起身到巴黎休养去了。老范德比尔特刚走，华尔克就开始采取行动，并最终夺取了这条航线。

第十六计　欲擒故纵

【原　文】

逼则反兵；走则减势[①]，紧随勿迫。累其气力，消其斗志，散而后擒。兵不血刃[②]。需，有孚，光[③]。

【注　释】

①逼则反兵，走则减势：走，跑。逼迫敌人太紧，他可能因此拼死反扑，若让敌人逃跑则可减削他的气势。

②兵不血刃：血刃，血染刀刃。此句意为兵器上不沾血。

③需，有孚，光：语出《易经·需》卦。需，卦名。本卦为异卦相叠（乾下坎上）。需的下卦为乾为天，上卦为坎为水，是降雨在即之象。也象征着一种危险存在着（因为“坎”有险意），必得去突破它，但突破危险又要善于等待。需，等待。孚，诚心。光，通广。句意为：要善于等待，要有诚心（包含耐性），就会有大吉大利。

【译　文】

如果逼迫敌人至无路可走，那么他就会拼命反扑过来；如果暂时放松追击让他逃跑，则可减弱敌人的气势。对于逃走的敌人，要紧紧地跟踪，但不要过于逼迫他，以此消耗其体力，瓦解其斗志。待敌士气沮丧、溃不成军时，再突然擒获之，就可以避免流血牺牲。

编者解读

“欲擒故纵”中的“擒”是行事的目的，“纵”是方法。两者是一对矛盾体。古人有“穷寇莫追”的说法，事实上，不是主张不追，而是要巧妙地追。如果方式不对，把“穷寇”逼得狗急跳墙，垂死挣扎，导致己方损兵失地，就不划算了。因此，“欲擒故纵”并不是真正的“纵”，不是要求人们对敌人放任不管，任其作乱和妄为，而只是暂时放一放，给其一定宽松度，以免对方感到无路可走而采取极端的方式，但同时还要紧紧地跟随。最终的目的是“擒”，“纵”只是为了彻底降服，只是这“纵”不能花费过高的代价。

用好“欲擒故纵”之计的关键，在于把握好“纵”的时间和尺度。因为时间太短不能有效削弱敌势，时间太长又容易生出变故；追敌太紧可能使敌人拼死反扑，追得太松又可能错失良机。纵观古今战例，若要运用好“欲擒故纵”之计，必须谨记以下三点。

第一，抓牢手中的线，以防“欲擒故纵”之计前功尽弃。风筝飞得再高，

离我们再远，只要我们手中还有一条长线牢牢牵着它，它就逃不出我们的掌心。对待敌人也应该如此，要始终追随敌人的踪迹，在施计的同时防止其逃跑。

第二，等到敌人跑累了再擒。落入我们掌心的敌人只要觉得还有一丝逃生的可能，便会拼命逃走。在惊惶恐惧中拼命逃跑，既是体力上的消耗，也是精神上的消耗。如果我们在给他施加死亡威胁的同时，又留给他逃脱的幻想，他就会趋利避害，一直拼命跑下去。而我们只要等到他跑累了停下来，丧失了基本的反抗能力，便可手到擒来。如果在他仍有反抗能力的时候行动，他定会拼死反抗，挣个鱼死网破，我们的损失也在所难免。

第三，故意放纵敌人，让其丧失警觉。在敌人面前，我们可以故意退让，让其自我膨胀，以为我们实力弱小，根本与他们无法抗衡。待其思想松懈，丧失警惕，便为我们提供了捕捉的良好契机。

当敌人使用“欲擒故纵”之计，我们可以采取以下防范措施。

第一，战败时，绝不灰心丧气，要设法变劣势为优势，变撤退为反击。一旦战争失利，我们要放弃消极逃遁的念头，反过来利用敌人放纵我们的机会，尽快重整旗鼓，恢复并壮大自己的力量。然后，或选择有利的地势反击敌人，或设好埋伏诱骗敌人。总之，决不能让敌人“欲擒故纵”的计谋得逞。

第二，见机行事，机敏迅速地脱离险境。在与敌人的决战中，一旦发现己方已经处于被动地位，有被敌人包围的可能，就应及时反应，主动撤退。利用敌人还没有形成严密的包围，我们尚可根据自己的判断，任意选择突围方向及路线的优势，成功逃脱。而此时，敌人尚无思想准备，不会立即反应过来追踪我们。

第三，隐踪匿迹，摆脱敌人。如果已经被敌人跟踪，应该速战速决。长时间拖着大尾巴在后面，很快便会被拖垮。所以，一旦选准撤退的方向，就要快速行动，采取“金蝉脱壳”或“瞒天过海”之计，迷惑敌人，脱离险境。

第四，时刻保持清醒的头脑，决不放松警惕。敌人暂时放纵我们的真正意图，就是要瓦解我们的斗志，松懈我们的思想，然后趁机突袭。为了避免被攻击，无论何时何地，我们都要保持高度的警惕和旺盛的斗志。如果因为敌人的暂时放松而麻痹大意，后果将不堪设想。

经典战例

石勒杀王浚

西晋末年，幽州都督王浚企图谋反篡位。晋朝名将石勒闻讯后，打算消灭王浚的部队。王浚势力强大，石勒恐一时难以取胜，他决定采用“欲擒故纵”之计，麻痹王浚。石勒派门客王子春带了大量珍珠宝物，敬献王浚。与此同时，石勒还写信向王浚表示要拥戴他为天子。信中说，现在社稷衰败，中原无主，只有你威震天下，有资格称帝。王子春又在一旁添油加醋，说得王浚喜不自胜，信以为真。

正在这时，王浚有个部下名叫游统的，伺机谋叛王浚。游统想找石勒做靠山，石勒却杀了游统，将游统首级送给王浚。如此一来，王浚对石勒彻底放心了。

314 年，石勒探听到幽州遭受水灾，老百姓没有粮食，王浚不顾百姓生死，苛捐杂税，有增无减，民怨沸腾，军心浮动。石勒亲自率领部队攻打幽州。同年 4 月，石勒的部队到了幽州城，王浚还蒙在鼓里，以为石勒来拥戴他称帝，根本没有准备应战。等到他突然被石勒的将士捉拿时，才如梦初醒。王浚中了石勒“欲擒故纵”之计，身首异处，美梦也成了泡影。

石勒画像

郑武公灭胡

春秋时期，郑国郑武公是个足智多谋的侯君，他想吞并邻邦：胡国。胡国虽然是个小诸侯国，但是兵强马壮，国人英勇善战。郑国若是贸然出战，未必能获胜。于是，郑武公想出一个欲擒故纵的计策：他首先假意与胡国通好，把自己美丽的公主下嫁给胡君。胡君自然是喜出望外，而郑国公主肩负重任，她一方面引诱胡君整日沉醉于花天酒地之中，松怠国政；一方面，为郑武公打探胡国的政治和军事情报。

郑武公又假意召开如何攻打小国、拓展国土的秘密会议。大夫关其思不知情，大胆进谏说：“目前来看，攻打胡国最容易，一来灭胡后可得利，二来又替周朝廷征伐了外族，巩固了周邦。”郑武公大怒道：“我与胡国最近才缔结友邦，更何况我的公主在那边，如果把胡侯杀死了，我女儿岂不成了寡妇？大胆狂徒！”郑武公说完，下令立刻斩杀了关其思。其他大臣都不敢再言。消息马上传到了胡国，胡君就更加相信郑国了，且完全放松了警惕，也更加放纵自流。郑武公见时机成熟，便大举进攻胡国。不久，就攻克了胡国，胡君被杀，胡国疆域全归郑国。

可口可乐进入中国

美国可口可乐公司，为了打开中国市场，不是一开始就向中国倾销商品，而是采取“欲将取之，必先予之”的办法。

1976 年，中国尚未改革开放，全国各地看不到一家外资企业，中美两国也还没有建立大使级外交关系。当时，时任可口可乐总裁的马丁找到了时任中国驻美联络处商务秘书的佟志广，向他表达一个愿望：希望能向中

国出口可口可乐，同时在中国建立可口可乐的灌装厂。佟志广答道：“现在想进入中国还为时尚早。”

然而，这番话并没有让马丁放弃继续开启中国市场的决心。自那次谈话后，可口可乐公司就向联络处免费赠送可口可乐，并邀请中国驻美联络处官员到亚特兰大的总部参观。

可口可乐 LOGO

1977 年，马丁又找到佟志广，再次提出开启中国市场的愿望。这次马丁提出了更有说服力的理由：在中国设厂，不是为了把可乐卖给中国人，而是满足国外消费者，特别是到中国来旅游的欧洲人和美国人的需要。马丁还解释说，他们和美国并没有联系，只是卖汽水赚钱的公司。

1978 年，中国局势渐渐明朗，中美关系出现新的转机。当时的中粮集团有限公司（简称中粮）总经理张建华在党的十一届三中全会前建议引进可口可乐，得到了当时外经贸部部长李强的支持。在佟志广、张建华等的努力下，12 月 13 日，可口可乐公司与中粮终于在北京饭店签订协议。

协议规定，美方采用补偿贸易等方式，向中国主要城市和游览区提供可口可乐制罐、装罐和装瓶设备，可在中国开设专厂灌装并销售；自 1979 年起，在装瓶厂建立起来之前，可口可乐用寄售方式由中粮总公司安排销售。

1978 年 12 月 17 日，中美双方发表《中美建交联合公报》，宣布“自 1979 年 1 月 1 日起，建立大使级外交关系”。

这一切，不得不让人感叹可口可乐公司的敏锐嗅觉。可口可乐公司敏锐地观察到破冰的迹象，成为新中国成立后进入中国市场的第一家外资企业。

自 1979 年开启中国市场至 2018 年年底，可口可乐公司已累计投资超过 90 亿美元，目前在华建有 40 余家工厂，系统员工约 45000 人。2018 年上半年，可口可乐公司在中国的营收已超过 200 亿元人民币。

玻璃瓶装可口可乐

第十七计　抛砖引玉

【原　文】

类以诱之①，击蒙也②。

【注　释】

①类以诱之：暴露某种类似的东西并去诱惑他。

②击蒙也：语出《易经·蒙》卦。击，撞击，打击。句意为：诱惑敌人，便可打击这种受我诱惑的愚蒙之人了。

【译　文】

用类似的东西去引诱敌人，从而让迷惑懵懂的敌人上当，并遭受打击。

编者解读

顾名思义，“抛砖引玉”就是抛出去一块不值钱的砖头，换来一块价值连城的玉石，即“以贱换贵”“以小博大”“以羊易牛”。“砖”可以泛指一切质次的、价值低的或量小的事物；相比之下，“玉”就是一切质优的、价值高的或量大的事物。而抛出去的“砖”可以是“真砖”（实在的好处），也可以是“假砖”（虚晃的动作）。抛的方法也可以有多种：明抛、暗抛、远抛、近抛、全抛或者分抛。但应该明确的是：引来的东西价值一定要高于抛出去的东西；否则会得不偿失，白忙一场。

总之，“抛砖引玉”是一种以小利谋大利的诱骗术、掠夺术、谋取术。抛“砖”出去，就为了等“玉”，“玉”不来，则要使用各种手段，或诱取，或骗取，或巧取，或用各种武力强攻。用相似的东西去迷惑对方，使其作出错误的判断，以假为真，然后再图消灭，这就是“抛砖引玉”的关键所在。

当敌人使用“抛砖引玉”之计时，我们可以采取以下防范措施。

第一，眼观六路耳听八方，机动灵活。随时根据敌情的变化，对己方的战略部署作出合理的调整，不可顽固死守，任由敌人愚弄和摆布。只有善于观察，随机应变，一旦发现可疑之计便及时审查，分辨真伪，才能有效防范敌人已经设计好的圈套落到我们身上。

第二，时刻认清形势，分清敌我，坚持“天下没有白吃的午餐”，不被敌人的小恩小惠所诱惑。贪小便宜往往会误上贼船，而敌人在有能力保护自己权益的情况下，一般是不会将利益拱手相让的。因此，如果在敌人防守严密，掌控有力的区域内发现微利，就要仔细辨别是否为诱饵，切不可正中敌人圈套，得小便宜吃大亏。

第三，坚持自己的主张和判断，不让敌人的花言巧语左右我们的计划，严防陷入从众的困境。别人暗示有利，你就去取；别人都抢着做的事情，你也跟着去做，就难免陷入陷阱。因此，一定要固守自己的思想和独立见解，越是混乱之时，越要保有自己的主见。

总之，一旦发现敌人有运用“抛砖引玉”之计的迹象，就应及时拆穿并破坏其企图，决不能让对方拿“破砖”骗走我们的“良玉”。

楚武王灭绞国

公元前 700 年，楚武王为了打开北图中原的通道，以惩罚绞国助郧伐楚为借口，亲率大军，倾尽国力攻打绞国（今湖北郧阳区西北）。绞国虽是小国，但其地势险要，易守难攻。楚军兵临城下之后，多次叫战，而绞国自知抵挡不住楚国，就打算依托险要的地势防守，坚决不出城与楚军决战。这种情况下，楚军的多次进攻都是无功而返。两军相持了一个多月，谁也奈何不了谁。

楚国大夫屈瑕见此情形，就对楚王说:“绞国国势弱小，处理事情很轻率，而不使用计谋，我们可以利用这个弱点，用智谋取胜。”然后，他向楚王献了一条计策。屈瑕表示：“如今我们已经在绞国外面包围了一个多月，绞国的人都在抵抗我们的进攻，肯定没时间打柴，估计现在绞国城内已经没有用来烧煮食物的柴火了。我们不如让士兵伪装之后去打柴，到时候绞国的士兵肯定会出来抢。让他们抢几次，尝到甜头，等到大量士兵都出来抢柴火的时候，我们就设下埋伏一举歼灭他们。”

楚王担心绞国人不会上当，屈瑕说:“大王请放心，绞国是小国，国内根本没有能看破这条计谋的人，为了有柴火烧，他们一定会上当的。”楚王一听，认为确实如此，便依计而行。

第二天，楚国的几十个士兵扮作樵夫模样，到绞国都城周围打柴，来引诱敌军。

绞国确实没柴火了，有樵夫进山砍柴的消息马上就被人报告给了绞国的国君。绞国国君担心是楚国士兵假扮的，派出探子打探实情，但是探子并没有发现楚国的士兵，只有樵夫们结伴上山砍柴。于是，绞国国君下令，等樵夫们出山的时候抢柴火。抢劫的过程很顺利，没有受到抵抗，也没有楚军出现，国君和士兵们都很高兴。

绞国兵以为这些樵夫只是普通百姓，抓起来后绑都不绑，直接关进木

头做的笼子里。对于经过严格训练的楚国精兵来说，这种笼子就跟摆设一样，于是趁着夜色，逃走了一批，还有一批留在笼子里。

第二天，又有一群楚国兵扮作砍柴的樵夫，到山上引诱敌军。绞国兵发现后，没有等到下命令，就纷纷出城，到山上捉拿“樵夫”。

就这样，楚军每天都派兵上山砍柴，被引诱出城的绞国兵也越来越多。

到了第六天，楚王感觉可以进行下一步行动了。当天，绞国兵看到樵夫出山，正打算抢劫的时候，没想到樵夫居然转身就跑，绞国兵便在后面不停地追，不知不觉中就被引进了楚军设好的伏击圈。楚军一拥而上，斩杀了绞国无数的士兵。

侥幸逃回城内的绞国兵迅速关闭了城门，以为这样就可以高枕无忧了，却没想到城内的楚国兵趁乱打开了城门。一时之间，鲜血到处飞溅，绞国兵死伤了一大半，剩下的也都投降了。

在这种情况下，绞国国君为了保住国家，被迫在绞国的城下与楚国签订屈辱的盟约，成为楚国的附庸。

屈瑕

唐军兵败营州

690 年，契丹攻占营州。武则天派曹仁师、张玄遇、李多祚、麻仁节四

员大将西征，想夺回营州，平定契丹。契丹先锋孙万荣熟读兵书，颇有计谋。他想到唐军声势浩大，正面交锋，与己不利。他首先在营州制造缺粮的舆论，并故意让被俘的唐军逃跑，唐军统帅曹仁师见一路上逃回的唐兵面黄肌瘦，并从他们那里得知营州严重缺粮，营州城内契丹将士军心不稳。曹仁师心中大喜，认为契丹不堪一击，攻占营州指日可待。

唐军先头部队张玄遇和麻仁节部，想夺头功，向营州火速前进，一路上，还见到从营州逃出的契丹老弱士卒，他们自称营州严重缺粮，士兵纷纷逃跑，并表示愿意归降唐军。张、麻二将更加相信营州缺粮、契丹军心不稳了。他们率部日夜兼程，赶到西硖石谷，只见道路狭窄，两边悬崖绝壁。按照用兵之法，这里正是设埋伏的险地。可是，张、麻二人误以为契丹士卒早已饿得不堪一击，加上夺取头功的心情驱使，下令部队继续前进。

唐军络绎不绝进入谷中，行进艰难。黄昏时分，只听一声炮响，绝壁之上，箭如雨下，唐军人马相互践踏，死伤无数。孙万荣亲自率领人马从四面八方进击唐军。唐军进退不得，前有伏兵，后有骑兵截杀，不战自乱。张、麻二人被契丹军生擒。孙万荣利用搜出的将印，立即写信报告曹仁师，谎报已经攻克营州，要曹仁师迅速到营州处理契丹头人。曹仁师早就轻视契丹，接信后，深信不疑，马上率部奔往营州。大部队急速前进，准备穿过峡谷，赶往营州。不用说，这支目无敌情的部队重蹈覆辙，在西硖石谷，遭到契丹伏兵围追堵截，全军覆没。

武则天画像

刘天就的优惠经

1955 年，刘天就创办香港妙丽集团，自任董事长。初创时，妙丽集团只有 6 个人，是经营品种很少的小百货零售店。经过 20 多年的努力，妙丽集团发展成为以百货批发业为主，兼营百货零售、地产、工业加工、旅馆、学校、旅游的多行业的综合集团。经营地域从香港扩展到美国、加拿大、新加坡、日本等地。特别是 1976 年以来，妙丽集团的发展更为迅速，每年都要增设一两个门市部，1984 年的营业额近 4 亿港元。

妙丽集团之所以取得这样的成就，主要是靠刘天就那“唔（不）平赔 5 倍”的竞争妙诀。所谓“唔平赔 5 倍”，就是妙丽集团出售的商品售价，如果不比其他商店的价格便宜，他愿按价格的 5 倍给予赔偿。

刘天就了解到，顾客除了购买小商品之外，一般是首先考虑同类商品中哪家商店售价最便宜。于是，他就紧紧抓住顾客的心理来扩大销售。

他大张旗鼓地以批发价为号召，零售的商品一律按批发价出售，同时他又想出“唔平赔 5 倍”的口号，把它写成标语到处张贴，并写成巨大的横幅挂在商场 3 楼外面，和商店的大牌号放在一起。

刘天就这一招果然灵验，妙丽集团从此门庭若市，生意兴隆。为了保证多销以降低成本，刘天就严把进货关。他指导采购部门保证只进那些既适销对路又价廉物美的商品，这样，资金周转快，成本低，积压耗损少。

刘天就还实行了“妙丽会员制度”，以维持老顾客，吸引新顾客。在妙丽超市，商品价签上往往标着会员价和非会员价两种：会员价比非会员价要低些，而且越高档的商品差价越大，比如一套近 2000 港元的真皮沙发，会员价要便宜 400 港元。

“妙丽会员制度”规定：对香港常住居民设有长期会员制度，每人交 80 港元会费，即可享受 1 年会员待遇；一个单位中凑足人数集体入会的，每人每年交 50 港元会费；对香港上百万的在校学生，会费按以上标准减半；

实行一种星期会员制度，每逢星期日，租用多辆公共汽车，从几条线路把顾客接到妙丽商场来，每人只需要花 5 角钱就可获得一天期会员证。

据测算，“妙丽”的星期天会员通常维持在 1 万名左右；而“妙丽”的长期会员，则高达 20 万人。

刘天就以优惠价为“砖”，却“引”来每年数千万港元会员费之“玉”。而这数千万元的资金投入市场的流通领域里，又为刘天就引来源源不断的财富。

第十八计　擒贼擒王

【原　文】

摧其坚，夺其魁，以解其体。龙战于野，其道穷也[①]。

【注　释】

①龙战于野，其道穷也：语出《易经·坤》卦。坤，卦名。本卦是同卦相叠（坤下坤上），为纯阴之卦。此句意为即使强龙争斗在田野大地之上，也是走入了困顿的绝境。

【译　文】

摧毁敌人的中坚力量，抓获敌人的首领，就可以使敌人全军解体。这就好像龙在旷野作战，一筹莫展，根本无法取胜。

编者解读

唐朝诗人杜甫说过“射人先射马，擒贼先擒王”。王，指的是国家、军队等组织的首领或核心人物，是组织展开集体行动的指挥调度中心，是组织发挥整体力量的枢纽或关键。所以，要消灭或瓦解一个组织，攻击的中心是其核心人物，一旦把他们击倒，该组织就会群龙无首。

“擒贼擒王”之计有以下两种含义。

第一，击中要害。俗话说：“打蛇要打七寸。”七寸之处是蛇的心脏。打坏了蛇的心脏，它自然不能再存活。同理，任何事物都有关键和要害部位，只有抓住要害和关键，才能取得事半功倍的效果。而战争中，首领在其组织中的引导和凝聚作用是不可小觑的。抓住其首领，不仅可以震慑其余，剩下的力量也会因不知何去何从而陷入困境，这是对己方极为有利的条件。

第二，提纲挈领。任何事物都有“纲”和“领”。只要我们抓住要领，就能以简驭繁，以少制多。这便是提纲挈领的妙处。

“擒贼擒王”的道理听起来很简单，做起来却不那么容易。擒王，不仅是要捉拿对方的首领，还指消灭其主力。这两者虽然在理解上有共通之处，但具体使用时还要根据具体情况灵活变换。一般来说，擒住首领必然会动摇军心，瓦解整体；而灭其主力，首领自然也没了依靠，无所作为。因此，先擒其首，后灭主力，则如打蛇的七寸，事半功倍；而先灭主力，后擒其首，则手到擒来，一样绝妙。

在敌人使用“擒贼擒王”之计时，我们可以采取以下防范措施。

第一，防备敌人要有重点。对敌人的进攻要小心防范，但也不可能处处防范。处处防备，就会分散精力，容易被敌人击中要害，所谓“无所不备则无所不寡”。因此，防范的重点要放在自己的“王”身上，正如拳击运动员要戴上头盔，足球运动员要穿上护膝，头部和膝盖都是容易受到攻击的部位，但又恰恰是不可受伤的部位。我们在防备敌人时也应该分清轻重缓急，重点保护好自己的“王”，不要被敌人擒住。保住指挥的核心，才有取胜的可能。

第二，要有充足的后备支持，以防不测。我们在竞争中要有这样的准备，一个“王”如果不幸被擒，另一个新“王”应该立即出现，做到“王”位永不空缺，组织永不涣散，指挥永不断裂，只有始终保持旺盛的生命力，这样敌人就无可奈何，只能望“王”兴叹了。

第三，对于敌人的小惠小利，要有坚定的意念，做到“愈穷弥坚，不改鸿鹄之志”。要知道，敌人的糖衣炮弹往往只能在意志薄弱者的身上起作用。

刘秀昆阳大捷

23 年，王莽的数十万大军包围了昆阳。刘秀奉命突围出城，到各地召集援军。当刘秀率援军返回昆阳时，王莽的大军已将昆阳围得水泄不通。

刘秀带来的援军数量不多，即使再加上守城的部队，与庞大的王莽军相比，也是处于劣势。如果盲目地与王莽军作战，等于飞蛾投火，自取灭亡。经反复考虑，刘秀制定出擒贼擒王的作战方案：从援军中抽调精壮将士组成敢死队，首先进攻王莽军的统帅部，接着大队人马紧随其后，捣毁敌人的指挥中枢，使敌人陷入混乱，然后通知守城部队出击配合，造成内外夹攻的有利局面。

攻击敌人的时刻到来了。刘秀亲率三千名勇猛强壮的敢死队员从昆阳城东迂回到城西，来到王莽军中营的附近，出其不意地发动猛攻。王莽军统帅王邑、王寻被这突如其来的打击弄蒙了，一时搞不清这支部队的来意，遂命令各营不许擅自行动。王邑、王寻带领一万人马前来迎战，以为用这些人马足以应对刘秀了。岂料刘秀手下的敢死队员像狂风一样扑了过来，刀劈枪挑，勇不可当。王莽军的其他部队因没有接到出击的命令，只好眼睁睁地见刘秀的敢死队和后援部队把中营打得措手不及。在混战中，王寻被杀，王邑逃跑。莽军因失去了统帅顿时乱成一团。

刘秀画像

这时，坚守昆阳的守军看到援军旗开得胜，信心倍增，立即打开城门，呐喊着冲了出来，配合援军夹攻王莽军。王莽军见势不妙，仓皇向江边逃窜。在抢渡过江时，恰遇河水暴涨，淹死者不计其数。王邑只带几千残兵败将丧魂落魄地逃回了洛阳。

关羽智斗鲁肃

三国时期，刘备通过鲁肃“借得”荆州却不肯归还，派关羽镇守荆州。东吴这边，周瑜死后，鲁肃继任大都督，向关羽索讨荆州不成，于是，打算骗关羽过江，先好言相劝，若关羽执意不肯，便拿下关羽，然后攻打失去主将的荆州。

鲁肃摆下酒宴，假意款待关羽，暗中令吕蒙等设下伏兵。

关羽知晓鲁肃用意，故意只带周仓等少数人马过江赴宴，席间，鲁肃几次或明或暗地向关羽索讨荆州，但是关羽以酒宴谈公务伤感情等理由敷衍他。

酒过三巡，关羽见时间差不多了，就要告别，此时，鲁肃准备伏兵活捉关羽，但是关羽却一把挽住鲁肃的手，拉着他一起到江边。鲁肃怕事情败露，不敢推辞。而吕蒙等人怕伤害鲁肃，也不敢动手，就这样，关羽安全到了江边，上了自己的船回到荆州。

鲁肃画像

柳州农机厂转变策略

在现代企业经营中，“擒贼擒王”之计可以引申为：紧紧抓住事物发

展的关键，或把握问题的重点。在开发新产品时，面对强手如林的产品市场，应着力研制技冠群雄的王牌产品，以增强产品的竞争力。此外，在销售对象上，应善于抓住主要的消费者群，并针对他们的消费心理和需求，改进产品的质量、功能、式样和包装，以吸引顾客。

世界著名企业家的成功之路，无不是重点经营某一产业而起家的。如美国的石油大王洛克菲勒和钢铁大王卡内基、新加坡的玻璃大王陈家和、中国香港的船王包玉刚等，这些企业巨子，无不重点以生产或经营某种产品而著名。

企业经营者，特别是中小企业，运用“擒贼擒王”之计，关键就在于集中人力、财力、物力、重点经营。如果不考虑企业实力，盲目扩大营业项目或多角经营，往往会因分身力薄而难以成功。至于大企业要搞多种经营或多角经营，经营的每一项，也要谨慎研究，集中力量抓住重点。

1969 年，柳州农机厂开始转产 2.5 吨“柳江”牌汽车，由于工厂沿用小生产经营方式，厂小而求全，除发动机外，其余零部件几乎都由自己生产。结果，“柳江”牌汽车成本高、质量差，企业效益低，直到 1980 年出现亏损，陷入困境。

厂领导经过研究，苦思对策，确定加入东风汽车工业企业联营公司，生产“东风”车。并改变了过去“小而全”的生产格局，走专业化生产之路，结果成本大大降低，效益显著提高。

以此为起点，柳汽又改汽油车为柴油车，从而迎合了大批个体运输户的需要，投放市场后，甚为走俏，1991 年生产 1 万辆后销售一空；1992 年生产 1.5 万辆仍供不应求，这一创举正是集中力量、重点经营的结果。

东风汽车标志

第 4 章　混战计

混战计是《三十六计》第四套计谋，包括釜底抽薪、浑水摸鱼、金蝉脱壳、关门捉贼、远交近攻、假道伐虢六计。所谓混战计，就是在战争失去其固有规则的情况下而寻求新规则的策略。

第十九计　釜底抽薪

【原　文】

不敌其力[①]，而消其势[②]，兑下乾上之象[③]。

【注　释】

①不敌其力：敌，动词，攻打。力，最坚强的部位。
②而消其势：势，气势。
③兑下乾上之象：《易经》六十四卦中，《履》卦为“兑下乾上”，上卦为乾为天，下卦为兑为泽。又，兑为阴卦，为柔；乾为阳卦，为刚。兑在下，从循环关系和规律上说，下必冲上，于是出现“柔克刚”之象。

【译　文】

如果在力量上不能战胜敌人，就可以转而削弱其力量的源泉。这就是《易经》兑下乾上的《履》卦推崇的方法：以柔克刚，四两拨千斤。

编者解读

水在釜中沸腾，就是因为柴火在釜底燃烧。从釜底把“薪”抽去，就自然止住了水的沸腾。也就是说，要从根本上去解决问题。世间很多事物的初始与发展，与水沸釜中的形式是一样的。与敌人的较量，也与制止水沸的道理相同。正面攻击，等于用热水止沸，劳而无功；而抽去沸水的能量来源，消除敌人的生存根源，迫使敌人丧失力量供给的来源和有利条件，使敌人成为“无源之水，无本之木”，由盛转衰，便可置其于死地。

使用“釜底抽薪”之计时，关键要把握好两点：一是准确认清敌人的“釜底之薪”是什么。这是施行此计的必要前提。一般而言，凡是影响敌人后劲的力量，都可以作为“抽薪”的目标；二是要在以柔克刚的原则下运用正确的手段和方法。针对敌人“釜底之薪”的具体情况，灵活使用适宜的方式、方法，不可生搬硬套。

当敌人采用“釜底抽薪”之计时，我们可以采用以下措施加以应对。

第一，备足柴草，应对不测。为防止被敌人抽走釜底之薪后陷入尴尬，我们必须准备足够多的柴草，以保证釜底之火绵延不绝。否则，所备的积薪少，即使不被抽走，也会因柴草接济不上而无法补救，导致火势断绝。所以，足够的准备是为了让自己有足够的力量去应对复杂多变的形势，避免弹尽粮绝，坐以待毙。

第二，严守锅灶，防敌抽薪。首先，只有清楚地认识到锅下之火的重要性，才会对锅灶严加防守；只有严密看管，才可以在敌人动手抽薪之前，将其击退。或者至少可以在薪被抽走时，及时发现，并采取相应措施，将损失降到最低。另外，将锅盖盖紧也具有至关重要的作用。釜底之薪被抽走后，盖紧锅盖，保留水的余温，可以为己方赢得一定的时间进行补救。

第三，及时添柴，迎难而上。柴被敌人抽走后，不能手足无措、消极等待。“亡羊补牢”，为时不晚。要及时拾起柴草，扭转被动局面。甚至在锅灶被毁后，都可以在别处另起炉灶，重整旗鼓。

黎弥献计

春秋时的齐国与鲁国互为邻邦，齐景公在夹谷被孔子奚落，心里很不是滋味；当时，齐国贤相晏婴也已去世，而鲁国在孔子等大臣的辅佐下，国家大治。齐景公为此深感忧郁和不安。

齐大夫黎弥给齐景公献计说：“鲁国国安民富，久无战事，鲁定公好女色，我们献一批美女给他，他就会怠于国事，而孔子等人肯定看不惯鲁定公的行为，会离开鲁国的。”齐景公很赞成黎弥的建议，派他从国内精选八十位美女，又教授美女们歌舞和妩媚仪态。果然，美女一到鲁国国都，便引起了很大的轰动，鲁国宰相季斯也为美女们的千姿百态而弄得神魂颠倒。

齐国使者将美女敬献给鲁定公，鲁定公又把其中的三十位美女赏给了季斯，自此，鲁君臣敷衍一气，日夜沉湎于酒色中，一概不理朝政。

孔子的学生子路听说后，愤怒地说：“鲁君已无可救药，我们走吧。”孔子说：“国家的郊祭就要到了，鲁定公如果连郊祭都忘了的话，我们再走。”郊祭这天，鲁定公虽然去了，却只是走走过场，又匆匆回去同美女们享乐了。孔子忍无可忍，带着弟子们愤然离开鲁国，去周游列国了。由此，齐国用美女“抽薪”的计谋成功。

子路

官渡之战

东汉末年，军阀混战，河北袁绍乘势崛起。199 年，袁绍率领十万大军攻打许昌。当时，曹操据守官渡（今河南中牟北），兵力只有二万多人。两军离河对峙。袁绍仗着人马众多，派兵攻打白马。曹操表面上放弃白马，命令主力开向延津渡口，摆开渡河架势。袁绍怕后方受敌，迅速率主力西进，阻挡曹军渡河。谁知曹操虚晃一枪之后，突派精锐回袭白马，斩杀颜良，初战告捷。

由于两军相持了很长时间，双方粮草供给成了关键。袁绍仗势从河北调集了一万多车粮草，屯集在大本营以北四十里的乌巢，因为他不把小小

的曹操放在眼里，所以没有安排重兵防卫。曹操探听到乌巢并无重兵防守，决定偷袭乌巢，断其供应。他亲自率领五千精兵打着袁绍的旗号，衔枚疾走，夜袭乌巢，乌巢袁军还没有弄清真相，曹军已经包围了粮仓。一把大火点燃，霎时浓烟四起，袁军的一万车粮草，顿时化为灰烬，曹军还乘势消灭了守粮袁军。袁绍大军闻讯，惊恐万状，供应断绝，军心浮动，袁绍一时没了主意。曹操此时，发动全线进攻，袁军士兵已丧失战斗力，十万大军四散溃逃。袁军大败，袁绍带领八百亲兵，艰难地杀出重围，回到河北，从此一蹶不振。

袁绍画像

克莱斯勒再度崛起

1985年之前，日本汽车凭借低价格、低油耗的优势向美国市场发起冲击，使得美国克莱斯勒汽车公司连连亏损，市场占有率持续下降，公司经营每况愈下。

日本的产品之所以能够进入美国市场，是因为日本企业看准了美国竞争者比较薄弱、比较自满或根本忽视其他区域的市场。在许许多多被列为目标的产业中，日本公司总是善于从中寻找被其他公司所忽略或服务不佳的市场区域，并且在这些未受到服务的市场区域上投入他们大部分的精力，以期建立一个稳固的地位。当在这些市场区域上初步获得成功后，他们再朝着更大一点的市场进军。这就是日本人在国际市场上参与竞争常用的战略方法。依靠这种策略，日本公司大量在美国市场上抢占地盘。

面对这种情况，克莱斯勒的领导人利多·安东尼·艾柯卡带领部属，对市场做了广泛调查与分析。最终，他们了解到外国经济实力日渐强盛的趋势，在美国民众心中滋生了一种潜在的恐惧与危机感，随之而来的情绪上的逆反，并转而发展为对本国产品的喜爱。

艾柯卡决定充分利用美国民众持续高涨的“爱国情绪”，进行疯狂反扑，以夺回丢失的美国市场。

“战争”开始了，克莱斯勒公司自 1985 年开始，推出了“美国公民，感谢您”的系列宣传。根据该计划，任何一位自 1979 年以来买过克莱斯勒公司在美国本土制造的汽车的消费者，只要再买该公司的新车，就可获得 500 美元的折扣。结果，美国人很为这种“爱国车”所陶醉，购车者一时如潮。

1986 年，克莱斯勒公司又进而推出了“美国公民，再次感谢您”的系列宣传。

克莱斯勒公司为强化“爱国意识”，寄出 600 万份代用券给美国的潜在用户，每坊代用券抵 500 美元，明码实价地表明“爱国”的好处。通过这两次的“爱国宣传”攻势，克莱斯勒公司迅速恢复了过去丧失的市场占有率，再居全美第三汽车制造公司的地位。仅 1985 年当年，公司就走出了负债的泥潭，而且盈余 2.56 亿美元。

利多·安东尼·艾柯卡

虽然克莱斯勒公司的再度崛起离不开质量的提高和新颖的设计，但另外成功的因素就是利用国民情绪的做法。随着经济全球化趋势的加快、加强，国际竞争的加剧，国民的爱国情结往往显得更加重要。在日本汽车冲击美国市场的时候，抓住消费者的爱国心，这就是克莱斯勒公司的“釜底抽薪”之术。

第二十计　浑水摸鱼

【原　文】

乘其阴乱①，利其弱而无主。随，以向晦入宴息②。

【注　释】

①乘其阴乱：阴，内部。意为乘敌人内部发生混乱。

②随，以向晦入宴息：语出《易经·随》卦。随，卦名。本卦为异卦相叠（震下兑上）。本卦上卦为兑为泽；下卦为震为雷。言雷入泽中，大地寒凝，万物蛰伏，故如象名“随”。随，顺从之意。《随卦》的《象》辞说：“泽中有雷，随，君子以向晦入宴息。”意为人要随应天时去作息，向晚就当入室休息。

【译　文】

乘敌人内部混乱，形势恶化，利用其虚弱慌乱且没有核心领导，因势利导，使他顺从跟随我。这就像《随卦》的《象》辞中所说，像人随着天时吃饭入寝一样自然。

编者解读

浑水摸鱼，原意是指故意把水搅浑，在鱼不知所措时，趁机捕捉它。此计用于军事，可引申为在动荡的局势下，各种力量都自然而然地卷进混乱不堪的旋涡里。为了抓住机会扩大自己的势力，在泥沙俱下、鱼龙混杂的局面下，我们可以将那些力量弱小、立场不坚的角色顺手夺取过来。这是一种利用混乱事态，趁对手陷入彷徨之机，坐收渔翁之利的策略。

军事作战中常用的方法是：伪装成敌兵，打入敌人内部，作为配合主力攻击的辅助手段。把水搅浑了好捉鱼，把敌人的部署、计划、阵脚搞乱，好乱中取胜。

“浑水”是运用此计的必要条件，水浑可分为以下两种情形：一是水原本就是浑的，己方抓住时机乱中取胜；二是水原本清澈，己方故意将其搅浑，达成自己的目标。当然，后者的难度要大一些，但应用也更广泛一些。

要理解“浑水摸鱼”之计，应该把握以下几种含义。

第一，利用混乱局面，从中渔利。在竞争中取利的方法很多，其中，乱中取利就是较好的办法之一。因为大家都将精力用在了相互争夺之上，必然会有很多利益无暇顾及，各自也都会暴露出许多可乘之隙来。此时，便可轻易从中捞取各种好处。当然，动荡混乱的局面不是经常会遇到的，因此要善于把握，不能让大好机会从手边溜走。

第二，以假乱真，浑水摸鱼。水被搅浑之后，能见度必然变低，鱼在水中分不清方向，也更难辨清真伪。这时我们要把假的伪装成真的，并将其混入真的之中，可以利用敌人的“蔽而不察”，将对自己有利的力量拉拢过来，据为己有。

第三，滥竽充数。“浑水”起着隐瞒掩盖的作用，利用形式上的缺陷、管理上的漏洞来渡过难关或取得利益，也是此计的一个内容。

当敌方利用“浑水摸鱼”之计时，我们可以采取以下防范措施加以应对。

第一，保证高洁品行，出淤泥而不染。无论发生多么混乱的局面，都要始终保持清醒的头脑，因为这是防止敌方从中渔利的有效措施。只要自己能看清事实，敌方无论怎样搅扰，都会无济于事。

第二，陷入混乱时，要沉着冷静，切不可乱了方寸，胡乱瞎撞，更不可随意表态。最适宜的做法是暂时隐匿在一个比较安全的地方，等到风平浪静时再现身。

第三，迅速逃离险境，以防被敌“摸”去。当我们害怕被敌人捉去而隐藏起来的时候，不能闭眼躲避，掩耳盗铃，而要仔细地分辨方向，利用有利地形，要果断地逃离险境，以防陷入无法扭转的被动局面。

周瑜失南郡

赤壁大战，曹操大败。为了防止孙权北进，曹操派大将曹仁驻守南郡（今

湖北公安县）。这时，孙权、刘备都在打南郡的主意。周瑜因赤壁大战，气势如虹，下令进兵，攻取南郡。刘备也把部队调到油江口驻扎，眼睛死死地盯住南郡。周瑜说："为了攻打南郡，我东吴做了充足准备，南郡唾手可得。刘备休想做夺取南郡的美梦！"刘备为了稳住周瑜，首先派人到周瑜营中祝贺。周瑜心想，我一定要见见刘备，看他有何打算。

第二天，周瑜亲自到刘备营中回谢，在酒席之中，周瑜开门见山问刘备驻扎油江口，是不是要取南郡？刘备说：听说都督要攻打南郡，特来相助。如果都督不取，那我就去占领。周瑜大笑，说南郡指日可下，如何不取？刘备说：都督不可轻敌，曹仁勇不可当，能不能攻下南郡，话还不敢说。周瑜一贯骄傲自负，听刘备这么一说，很不高兴，他脱口而出："我若攻不下南郡，就听任豫州（即刘备）去取。"刘备盼的就是这句话，马上说："都督说得好，子敬（即鲁肃）、孔明都在场作证。我先让你去取南郡，如果取不下，我就去取。你可千万不能反悔啊。"周瑜一笑，哪里会把刘备放在心上。

周瑜走后，诸葛亮建议按兵不动，让周瑜先去与曹兵厮杀。周瑜发兵，首先攻下彝陵（今湖北宜昌）。然后乘胜攻打南郡，却中了曹仁诱敌之计，自己中箭而返。曹仁见周瑜中了毒箭受伤，非常高兴，每日派人到周瑜营前叫战。周瑜只是坚守营门，不肯出战。一天，曹仁亲自带领大军，前来挑战。周瑜带领数百骑兵冲出营门大战曹军。开战不多时，忽听周瑜大叫一声，口吐鲜血，坠于马下，被众将救回营中，原来这是周瑜定下的欺骗敌人的计谋，一时传出周瑜箭疮大发而死的消息。周瑜营中奏起哀乐，士兵们都戴了孝，曹仁闻讯，大喜过望，决定趁周瑜刚死，东吴没有准备的时机前去劫营，割下周瑜的首级，到曹操那里去请赏。当天晚上，曹仁亲率大军去劫营，城中只留下陈矫带少数士兵护城。曹仁大军趁着黑夜冲进周瑜大营，只见营中寂静无声，空无一人。曹仁情知中计，急忙退兵，但是已经来不及了。只听一声炮响，周瑜率兵从四面八方杀出。曹仁好不容易从包围中冲出，返南，又遇东吴伏兵阻截，只得往北逃去。周瑜大胜曹仁，立即率兵直奔南郡。

等周瑜率部赶到南郡，只见南郡城头布满旌旗。原来赵云已奉诸葛亮之命，乘周瑜、曹仁激战正酣之时，轻易地攻取了南郡。诸葛亮利用搜得的兵符，又连夜派人冒充曹仁求援，轻易地诈取了荆州、襄阳。周瑜这才明白上了诸葛亮的大当，气得昏了过去。

周瑜画像

张守圭平叛

唐朝开元年间，契丹叛乱，并多次进犯唐朝。张守圭为幽州节度使，担负平定契丹叛乱的重任。契丹大将可突干数次攻打幽州，都不成功，于是假意与唐军讲和。张守圭很明白可突干的意图，便将计就计，派下属王悔去契丹军营，以宣诏为名，借机探听可突干的虚实。

王悔进入契丹军营，在酒宴上发现：可突干与部属之间的关系不是很融洽，表里不一。他又仔细打听到，可突干与分掌兵权的部将李过折长期以来就有矛盾，于是，王悔暗地里接触了李过折，得知他十分反对可突干的叛乱，王悔乘机劝说李过折，让他脱离可突干、为唐朝廷出力、日后定有重赏。王悔完成任务后，回到幽州。次日，李过折突袭可突干的军营，把可突干斩于马下，忠于可突干的大将李礼，率部下与李过折展开激战，李过折死于乱战中。此时，契丹军营大乱，张守圭得知情报，率大军杀入契丹军营，活捉了李礼，大破契丹军。从而迅速地平定了叛乱。

搅浑水的间组公司

第二次世界大战后，日本境内创伤遍地，好多建筑都毁于一旦，因此战后的日本建筑业发展很快，一下子涌现出许多建筑公司。

日本间组公司是一家专业建筑大坝和隧道的公司，在建大坝方面，堪称日本的“大坝之王”。日本间组公司为了扩大规模，决定向建筑房屋进军。可是在建筑房屋方面，日本有鹿岛、大成、清水、大林、竹中五大公司，间组公司与这五大公司相比，还差得很远，人们如果要建筑房屋，也只会想起这五大公司。

间组公司的董事长神部满之助是个性格倔强的人，他对此很不服气，一定要向建筑房屋进军。可是神部满之助自己也明白，在建筑房屋行业，不要说那五大公司，就是实力比间组公司强的小公司也有很多家，神部满之助明白现在不是要与这五大公司竞争，而是如何超越这些小公司跻身大公司行列。

如何才能竞争过这些小公司，在建筑房屋这个行业分一杯羹呢？这个问题常常在神部满之助的脑海中盘旋着。

一个月后，神部满之助想到了一个被大家视为“最愚蠢”的办法：神部满之助向日本的各个大报社、电视台、电台等媒体支付了一笔巨额的广告费，要求报社、电视台、电台以间组公司的名义做广告，但是神部满之助提出了一个特别的要求，要巧妙、合理地将“五大公司”登在前面。这样的广告，对报社、电视台、电台来说，自然没有什么难处，不到一个星期，间组公司的广告开始出现在日本市民面前。

神部满之助的广告一打出就受到了好多人的嘲笑：世界上竟然有花钱给别人打广告的愚蠢公司。人们都纷纷预言，间组公司离倒闭不远了。这也引起了那些同行的讽刺，有人当着神部满之助的面说他是六大公司的经理，而神部满之助则很坦然。

而五大公司看到神部满之助花钱代他们打广告，觉得很意外，可是一想，这样的广告对自己有百利而无一害，因此也没有什么异议。时间长了，由于报纸、电视、电台的作用，在普通人的心中，仿佛间组公司已经是六大公司之一了。于是，有人开始找间组公司承建一些大楼，间组公司以优质的建筑和经济的价格一下子声名鹊起。不到一年，间组公司便名副其实地成了日本建筑房屋的第六大公司。

第二十一计　金蝉脱壳

【原　文】

存其形，完其势①；友不疑，敌不动。巽而止蛊②。

【注　释】

①存其形，完其势：保存阵地已有的战斗形貌，进一步完备继续战斗的各种态势。

②巽而止蛊：语出《易经·蛊》卦。蛊，卦名。本卦为异卦相叠（巽下艮上）。本卦上卦为艮为山为刚，为阳卦；巽为风为柔，为阴势。故“蛊”的卦象是“刚上柔下”，意即高山沉静，风行于山下，事可顺当。又，艮在上卦，为静；巽为下卦，为谦逊，故说“谦虚沉静”“弘大通泰”是天下大治之象。

【译　文】

保存阵地的原形，造成强大的驻军声势，使友军不怀疑，敌人也不敢轻举妄动。根据《蛊》卦原理：如果能隐蔽自己的行动而不暴露，就能够有效防止敌人的损害。

编者解读

“金蝉脱壳”原本是一种生物现象，指蝉类昆虫在蜕变时，本身脱离皮壳飞去，只留下空壳在原处。古人用这种现象来喻指人类社会中的某些

现象。“金蝉脱壳”作为一种计谋，往往是指形势处于极端不利的情况下，不得不施谋用计脱身，以求东山再起。所以，在危急存亡关头，用伪装、掩护或欺骗的手段瞒住敌人，留下虚假的外形，以求暗里逃遁，是一种走而示之不走的权宜之计。

“金蝉脱壳”之计用于军事，是指通过伪装摆脱敌人，撤退或转移，以实现己方的战略目标。而稳住敌人，撤退或转移，并不是惊慌失措、消极逃跑，而是在认真分析形势后，准确作出判断，保留外在形式，抽走实质内容，巧妙分身，用精锐部队出击另一部分敌人的战略。

运用“金蝉脱壳”之计要选好时机，一方面“脱壳”不能过早，只要还有胜利的可能，没有到万不得已之时，就不要“脱壳”而去，以防丧失胜利的机会；另一方面“脱壳”也不能过晚，在败局已定的情况下，多停留一分钟就会多一分危险，减少一分生还的可能。

总之，要从某种危险境地逃脱，又不至于被纠缠或追击，“金蝉脱壳”确实是妙计。逃脱时如果没被发现，就几乎已经锁定胜局，因为等敌人发觉时，就已经鞭长莫及了。三十六计走为上计，但走也有多种走法，“金蝉脱壳”就是走计之中的上计。

面对敌人的“金蝉脱壳”之计，我们可以采取以下防范对策来应对。

第一，将蝉压在牢笼里，让其无法逃之夭夭。要防止几乎到手的敌人使用“金蝉脱壳”之计逃跑，最好的方法就是“关门捉贼”，速战速决，把它死死地关在牢笼里。这样，敌人就算使出全身解数也无法逃脱。

第二，学会透过现象看本质，不被敌人的虚假表现所迷惑。敌人在策划某些新的阴谋时，或多或少都会有某些反常的表现，或特殊的征象。我们要善于观察和辨析，及时准确地掌握敌人的动向。而敌人一旦使用“金蝉脱壳”之计，往往更会故意制造虚假的“形”或“势”来迷惑我们的眼睛。我们一定要顺势透过这些表面的现象，来深挖敌人的本质和真实意图，以防中计。

第三，轻诺寡信是敌人脱身的惯用伎俩，因此，绝不可相信敌人的承诺。对于敌人而言，承诺和信物往往是最廉价的脱身替代品。知道了这个规律，我们就要注意不能为那些毫无约束力和控制力的诺言或信物而轻易放过即将到手的敌人。即便是暂时放松，也要紧紧抓住可以随时将敌人牵回来的缰绳。总之，相信敌人的诺言是不明智的。

邓艾识破姜维计

三国时，姜维带兵攻打魏国。魏国大将邓艾奉命迎敌。姜维看到魏军安营扎寨，严阵以待，便对副将说："魏军既然早有准备，直攻不宜，偷袭可胜，我拨给你一路人马，打着我的旗号，在谷口安下大寨，每天派100人放哨，每放哨一次，更换一回服装和旗帜。我暗中带大军偷袭南安。"

邓艾不见蜀军出战，便凭高远望，入帐对陈泰说："据我观察，姜维不在此营中，一定是偷袭南安去了。"陈泰问，"何以见得？"

邓艾说："你看每天蜀营中的哨马只是这几匹，往来的哨探只是这几人，只不过更换衣旗罢了。你带一队人马去攻蜀营，肯定会获胜。然后你再领兵去董亭，先切断姜维的后路。我带兵去救南安，直取武城山。我们先占了此山，姜维必然去取上邦。上邦有一谷，叫段谷，地狭山隘，正好埋伏。姜维来夺武城山，我军先埋伏在段谷中，一定能破姜维。"

不说陈泰去攻蜀营，单提邓艾带兵急行军赶到武城山，安营下寨，此时蜀军还未到，邓艾又命邓忠领兵先去段谷埋伏。随后，魏军偃旗息鼓，等待蜀军。

姜维果然带领蜀军大队人马来到武城山，遭到邓艾大军的重创，蜀军死伤无数。姜维下令收兵，转取上邦。姜维大军途经段谷时，正中邓忠的埋伏。前有邓忠伏兵，后有邓艾追兵，姜维处于绝境。在此危急关头，荡寇将军张嶷估计姜维受困，率兵杀入重围，救了姜维。姜维的"金蝉脱壳"之计本来是很好的，但不想被邓艾识破，险些丢了性命。

邓艾画像

司马绍掷鞭甩追兵

东晋明帝时，大将军王敦起兵造反，顺江东下，进攻建康（今江苏南京），图谋篡夺君位，自己当皇帝。消息早传到明帝司马绍那里，为了平灭叛乱，司马绍亲率大军迎敌。

两军相遇在鄱阳湖畔，扎下营寨。司马绍自恃勇力，换了一身便装，策马到王敦大营外观看虚实。守营将士见有一气宇轩昂之士在营外转悠，觉得蹊跷，忙报告主帅王敦。王敦听军士们描述了一番长相，觉得那人很可能就是明帝司马绍，忙令人备马前去捉拿。王敦看见五名军士正在骑马巡营，忙令他们先出去拦截追击那营外之人。司马绍正在观察敌营情况，见营门大开，五名军士策马向自己扑来，知道大事不好，忙打马往回奔。那五名军士见所追之人要逃跑，于是催马急追。

司马绍在前面跑，五名军士在后面追，虽说还有一段距离，但司马绍怕万一马失前蹄，非被他们擒拿不可，便想尽快摆脱他们。跑着跑着，来到一柳林边，有一老太婆在茶馆前卖水，茶馆前有几条岔路。司马绍心想，机会来了。他忙把手中马鞭子扔在老太婆跟前，然后催马拐到林子后跑了。老太婆看见一条耀眼的东西落在眼前，忙弯腰捡起，却是一条马鞭子。这马鞭子不同寻常，上面嵌满了宝石、金银、翡翠。正在细细端详，追赶的五名军士冲到老太婆面前，发现不见了目标，忙下马询问，却见老太婆在看一条名贵的马鞭子，一把夺过来观看起来。那些普通士兵哪里见过如此名贵的马鞭子，个个争相观看，早把追人这件事丢在脑后，直到王敦带人追来了，才想起自己的任务。但再打马追赶时，司马绍早已跑得临近自己的大营，追不上了。气得王敦夺过马鞭，每人“赏”了几鞭子。

司马绍画像

司马绍急中生智，用常人难以见到的稀有之物吸引追兵的注意力，终于赢得了一点宝贵时间，脱离了险境。

年终奖金的危机

有一家公司自多年前成立以来，一直蒸蒸日上，然而今年却好景不再，盈余大幅滑落。这绝不能怪员工，因为大家为公司付出的情况，丝毫不比往年差，甚至可以说，由于人人意识到经济的不景气，干得比以前更卖力。

这也就越发加重了董事长心头的负担，因为马上就要过年了，按惯例，年终奖金最少加发两个月工资，多的时候，甚至再加倍。今年可惨了，算来算去，顶多只能多给一个月的工资作为奖金。“让多年已经惯坏了的员工知道，士气真不知要怎么滑落！”

董事长没办法，找来总经理商量：“许多员工都以为最少得加两个月工资，恐怕机票、新家具都订好了，只等拿奖金出去度假或付账单呢！”

“好像给孩子糖吃，每次都抓一大把，现在突然改成两颗，小孩一定会吵。”总经理也愁眉苦脸了。

“对了！”董事长突然触动灵机。

“你倒使我想起小时候店里买糖，总是喜欢同一个店员，因为别的店员都先抓一大把，拿去称再一颗颗往回扣。那个比较可爱的店员，则每次都抓不足重量，然后一颗颗往上加。说实在话，最后拿到的糖没什么差异，但我就是喜欢后者。”

没过两天，公司突然传出小道消息：由于业绩不佳，年底要裁员！

一时间，公司人心惶惶。每个人都在猜，会不会是自己。最基层的员工想：“一定由下面杀起。”上面的主管则想：“我的薪水最高，只怕从我开刀！”但是，跟着总经理就做了宣布：“公司虽然艰苦，但大家同乘一条船，再怎么危险，也不愿牺牲共患难的同事，只是年终奖金，绝不可能发了。”

听说不裁员，人人都放下心上的一块大石头。那不至于卷铺盖的窃喜，早压过了没有年终奖金的失落。

眼看除夕将至，人人都作了过个穷年的打算，彼此约好拜年不送礼，以共度时艰。突然，董事长召集各部门主管开紧急会议。看主管们匆匆上楼，员工们面面相觑，心里都有点七上八下：“难道又变了卦？”

是变了卦！没几分钟，主管纷纷冲进自己的部门，兴奋地高喊："有了！有了！还是有年终奖金，整整一个月工资，马上发下来，让大家过个好年！"整个公司大楼内，顿时爆发出一片欢呼，连正在顶楼的董事长，都感觉到了地板的震动。

与其因最好的企盼，造成最大的失望，不如用最坏的打算，引来意外的欣喜。公司领导用最坏的结果带来意外的惊喜的办法，很好地解决了公司当前的困难，用"金蝉脱壳"来形容最好不过了。

第二十二计　关门捉贼

【原　文】

小敌困之[①]。剥，不利有攸往[②]。

【注　释】

①小敌困之：对弱小或者数量较少的敌人，要设法去困围（或者说歼灭）他。

②剥，不利有攸往：语出《易经·剥》卦。剥，卦名。本卦异卦相叠（坤下艮上），上卦为艮为山，下卦为坤为地。意即广阔无边的大地在吞没山，故卦名曰"剥"。剥，落的意思。卦辞："剥，不利有彼往"，意为：《剥》卦说，有所往则不利。

【译　文】

对小股敌人，要包围起来加以歼灭（小股敌人虽然势单力薄，但行动自由，诡诈难防）。如果纵其逃去，而又穷追猛赶，那是极为不利的。

编者解读

对于"关门捉贼"之计的实践运用，应当根据敌人的具体情况和具体环境来具体分析。想要运用好"关门捉贼"之计，需要做到以下三点。

第一，确保"门"关紧是施行此计的前提。不管是待敌攻我时再"关门"，还是想方设法制造"口袋"有计划地诱敌就范，确保把"门"关紧都是此计的前提。否则，"门"关不紧，让"贼"逃脱，不仅达不到作战目的，还可能有被反咬一口的危险。通常而言，想要将"门"关紧，要注意三条：

一要注意关“弱”不关“强”，防止“强盗”破门；二要注意“门窗”结实，防止敌“撞门而逃”；三要将时机抓准，防止敌人在关门之前溜走。

第二，讲究“捉贼”的技巧是施行此计的重点。“门”关紧了，如何“捉贼”也是一门大学问。“捉贼”的方式很多，如斗捉、诱捉、疲捉、困捉等，历史上著名的包围战中，也不乏重兵包围、分割围歼、围点打援、断绝粮路、攻其不备等经典战术。不管使用何种方式、哪种方法“捉贼”，确保出手必“捉”，避免“贼”狗急跳墙，是施行此计的重点。若在“关门”后不能有效“捉贼”，在指挥上就可能处于被动地位。

第三，正确把握“关门”和“捉贼”的时机是施行此计的关键。无论是“关门”还是“捉贼”，都有个时机问题。正如《兵法圆机·发》中所说：“制人于危难，扼人于深绝，诱人于伏内。盖早发则敌逸，犹迟发失时。”意思是要把握时机，聚而歼之，不使敌人漏网。因此，把“关门”和“捉贼”的时机把握好，准确判断形势，及时快速行动，就是施行此计的关键。一般而言，“关门捉贼”谋略的原则是先“关”后“捉”，“关”和“捉”最好的时机在于整体实力处于优势时。需要强调的是，这种整体实力的优势不仅体现在人数上，还须将指挥能力、武器装备、部队战斗力以及天时、地利等条件综合权衡，具体分析，依据客观情势掌握好“关门”和“捉贼”的最佳时机。

当敌人使用“关门捉贼”之计时，我们可以采取以下防范对策。

第一，探清敌情，切忌盲动。在与敌人作战之前，要详细准确地探清敌人的虚实，方可进入阵地。这样，才能避免因情况不明而误入敌人的包围圈而被敌人关在门内痛殴的悲惨结局。

第二，以计攻计，巧妙逃脱。一旦被敌人关入门内，即使形势再危急，也不能惊慌失措。要迅速冷静下来，仔细观察敌人设下的包围圈。一旦发现有可乘之机，就要果断逃离，绝不能被动应战，更不能顽固恋战。

公孙瓒之死

199 年，冀州袁绍包围了幽州的公孙瓒，公孙瓒数次突围，都败下阵来，

只得退回城里，为了有效抵御袁绍的进攻，公孙瓒下令加固工事，在城墙周围挖了十条堑壕，在堑壕上又筑起十丈高的城墙。同时，他还囤积了三百万斛（一斛约为五斗）粮食。果然，袁绍连续几年攻城，都无功而返。

公孙瓒画像

袁绍一怒之下，动用全部兵力加紧围攻。公孙瓒见情况不妙，急忙派儿子杀出重围，去搬救兵。后来，公孙瓒的救兵来到，他派人送信约定：以举火为号，然后内外夹击袁绍。谁知，送信的人一出城就被袁绍的部下抓获。得知公孙瓒的计谋，袁绍便将计就计：按其约定时间举火，公孙瓒果然中计，领兵出城接应救兵，却遭到袁绍布下的军士伏击，大败而逃回城里。袁绍乘胜在城墙外挖地道，直达守城的中央。等一切准备充分，袁绍一声令下，大批袁军仿佛从天而降，对公孙瓒的军队发起猛烈的攻击，公孙瓒精心设计的防备顷刻瓦解。公孙瓒见败局已定，杀死自己的家眷后，自尽而亡。

黄巢占长安

880年，黄巢率领起义军攻克唐朝都城长安。唐僖宗仓皇逃到四川成都，纠集残部，并请沙陀李克用出兵攻打黄巢的起义军。第二年，唐军部署已完成，出兵企图收复长安。凤翔一战，义军将领尚让中敌埋伏之计，被唐军击败。这时，唐军声势浩大，乘胜进兵，直逼长安。黄巢见形势危急，召众将商议对策。众将分析了敌众我寡的形势，认为不宜硬拼。黄巢当即决定：部队全部退出长安，往东开拔。

唐朝大军抵达长安，不见黄巢迎战，好生奇怪。先锋程宗楚下令攻城，气势汹汹地杀进长安城内，才发现黄巢的部队已全部撤走。唐军毫不费力地占领了长安，众将欣喜若狂，纵容士兵抢劫百姓财物。唐军士兵们见起义军败退，纪律松弛，整天三五成群地骚扰百姓。长安城内一片混乱。唐军将领也被胜利冲昏了头脑，成天饮酒作乐，欢庆胜利。

黄巢起义

黄巢派人打听到城中情况，高兴地说：敌人已入瓮中。当天半夜时分，急令部队迅速回师长安。唐军沉浸在胜利的喜悦中呼呼大睡。突然，神兵天降，起义军以迅雷不及掩耳之势，冲进长安城内，只杀得毫无戒备的唐军尸横遍地。程宗楚从梦中醒来，只见起义军已冲杀进城，唐军大乱，无法指挥，最后他在乱军中被杀。黄巢用“关门捉贼”之计，重新占据长安。

外贸公司据理拒赔

1980年春，荷兰鹿特丹代理商向中国某省出口公司订购冷冻家禽15吨，总计16.5万西德马克。规格是去头、去毛和内脏。按国际贸易规定，双方在合同书中明确了索赔条款：中方售出货物均以离岸品质、数量、重量为

交货依据。货物在运输途中，如有品质、数量、重量发生损坏或丢失，概由荷方负责。货物到达目的港后，荷方对品质、数量和重量如有异议，并经核实与证明系在装运前发生的，应于到货20天内向中方提出索赔。逾期中方不再受理。一切争议若不能协商解决，提交北京中国国际贸易促进委员会对外贸易仲裁委员会仲裁。

此后，鹿特丹代理商开来信用证，中方出口公司立即办理装运，并提交全套单据，其中有中国商检局出具“本产品加工及冷冻良好，完全适合人类食用”的产品质量检验证书。不料货物抵达目的港，鹿特丹代理商发来急电：“到货有鱼腥味”，并来信说明：“货物到达目的港时品质、包装均系良好，经验关放行后向客户发售，但所有客户都抱怨食品带有鱼腥气味，当地卫生局认为不适合人类食用，禁止出售。我认为，物质在冷冻条件下是没有气味的，也不存在运输途中遭受污染的迹象，不能向航运或保险公司索赔。但解冻融化后出现这种疵病，可以推断家禽系用鱼粉饲养，并且一直到屠宰前为止。”

鹿特丹代理商接着寄来当地一所大学实验室的化验报告，证实家禽因喂养鱼粉而有腥味。他建议中方派人到实地复验，还称“因客户皆要求退货、赔偿全部损失，所以即使折扣出售也是根本不可能的”。他最后希望中方按客户要求给予友好解决，否则提交仲裁——“有损中方公司的声誉”。

显然，一场索赔纠纷已在所难免。中方出口公司沉着应战，首先弄清在国际贸易中索赔的主要依据，仲裁机构受理索赔的基本前提。按国际商务规则和贸易惯例，索赔的依据是符合法律规定的合同，它也是理赔的基本前提。中方与鹿特丹代理商签约时，双方没有规定根据何种法律，那么在涉及法律问题时就要遵守平等互利原则。而现有的合同平等自愿地规定了双方的权利、义务，它就是具有法律约束力的主要和唯一依据，同时可作为仲裁机构理赔时公平合理排解争议的基本前提。就本案而言，合同中并没有对家禽含鱼腥味作出限制，对方在开来的信用证中也没有对鱼腥味附加规定，若依据合同确定责任、分清是非，则可以使对方陷入被动。于是我出口公司复照鹿特丹代理商，干脆利落地关上了索赔的协商之门：“我方按合同规定交货，并提供了‘适合人类食用’的品质检验证书，故不同意赔偿。”

鹿特丹商人既不能推翻“以合同为依据”普遍原则，又不能在合同中找到把柄，只能在“不准销售”上寻求突围之路。他在来信中称：“去年

我公司从其他国家进口这种食品 2500 吨，为发展与中国的贸易，今年开始订购你公司产品。做生意不是开玩笑，不能因出售有缺陷的产品而违法，冒坐牢的风险，就我所知，不准销售有腥味的家禽在欧洲共同体各国都适用。我不相信你公司会长期出售有腥味的家禽，更不相信这种有缺陷的食品能卖给欧洲其他国家。因此，我不能接受这批货物，为保持双方业务关系，我可以同意调换新货，但由此产生的一切费用和损失应由你公司承担。冷藏昂贵，费用不断增加，望迅速答复。”代理商发出此信之后，还与我驻荷兰商务参赞处交涉，不断催促，频施压力。

中方出口公司经多次研究认为，据理可不必承担责任，但对方在当地出售可能确有困难，为友好地解决此案，决定在表示拒赔的同时，介绍一瑞士客商，建议对方与之联系转售。鹿特丹代理商接到中方出口公司建议后，一面同意转售办法，一面以“不适合人类食用”为由要求中方出口公司赔偿损失 8 万马克。这说明他不打算用友好方式解决问题，想用无理纠缠获得额外收益。

“有理不让人”固然不是贸易往来的谦和之道，但也不能忘记对理屈而又纠缠不休者应该“剥，不利有攸往”。中方出口公司认真研究了鱼腥味与国际间对“适用商销品质”的通常解释是否抵触。适用商销品质指货物要符合常用目的和买方的特殊目的。本合同并未订明家禽的使用目的，但买方曾默示其目的在于“供人类食用”，而鱼腥味并不影响人类食用，瑞士客商愿意接受即是证明。由此可以肯定，己方货物是完全符合商销品质的，不必承担此责任。再有，中国商检局的“完全适合人类食用”的证书是有效的官方证明文件，而对方提供的化验报告不属于“有资格的公证人”签发的文书，不具备法律上的反证效用。鹿特丹代理商没有再提出付诸仲裁也表明了心虚。基于此，中方出口公司复信申明严正态度：

“必须再次指出，我方不能接受你的退货要求，也没有义务承担你的经营损失，因为我方所装货物符合合同规定，适合人类食用，有中国商检局证书为凭。鉴于你声称销售有困难，出于好意为你介绍瑞士客户，而你竟提出赔偿销售损失和费用，这是完全没有道理的，因而也是不可能接受的。”

“至于货物中有一部分带有鱼腥味，这是国际市场也是我方供货的通常品质。我方供给你的货物与供给其他客商的货物品质是相同的。其他客商认为品质良好，销量逐年增加，更没有因带有鱼腥味而称‘不适合人类食用’，因此我方按合同规定供货是无可指责的。”

“你方在到货之后突然对鱼腥味提出异议，显然不符合公认的国际贸易惯例。合同一经签订，双方都要受其条款的约束，任何一方都无权超越合同的规定，不能单方提出要求约束另一方。为此再次明确告诉你方，不能接受你方的索赔，也不同意你方提出退款和偿付损失的要求。从你方自身利益考虑，建议你方火速为该批货物自寻出路。”

退路皆被堵死，借口全被驳回，鹿特丹代理商除如数接收货物，撤回索赔要求之外别无选择。中方为维护双方的贸易交往，在后续的生意中给了他4000马克的优惠，也促使本案不了了之。

第二十三计　远交近攻

【原　文】

形禁势格①，利从近取，害以远隔②。上火下泽③。

【注　释】

①形禁势格：禁，禁止。格，阻碍。句意为受到地势的限制和阻碍。

②利从近取，害以远隔：句意为，先攻取就近的敌人有利，越过近敌先去攻取远隔之敌是有害的。

③上火下泽：语出《易经·睽》卦。睽，卦名。本卦为异卦相叠（兑下离上）。上卦为离为火，下卦为兑为泽。上离下泽，是水火相克，水火相克则又可相生，循环无穷。又“睽”，乘违，即矛盾。本卦《象》辞说：“上火下泽，睽。”意为上火下泽，两相离违、矛盾。

【译　文】

战略形势的发展受到地理条件的限制，应当先向邻近的敌人进攻牟取利益，不能越过近处的敌人而直接攻打远方的敌人。火苗是向上燃烧的，水是往低处流的，同样是敌人，但应当采取不同的对策。

编者解读

“远交近攻”的原意是与远方的国家交好，对邻近的国家实施进攻。

但随着战略投送能力的逐步提高，特别是美、英、法等国更多的是远离本土作战，如马岛战争、阿富汗战争、伊拉克战争等，此计有了向“近交远攻”发展的趋势。但不管是“远交近攻”，还是“近交远攻”，都是通过“交”来扩大自己的战略机动性，通过“攻”来压缩对手的战略空间，赢得战略主动，在运用该计时应具备以下条件。

第一，充分认清自身实力。这是实施“远交近攻”之计的前提条件。施计者在实施“远交近攻”策略之前，要先对自己所处的战略环境、自身实力进行全面、客观的评估，确立施策对象、施策方法。不管是结交“小国”，还是依附“大国”，决策者应善于发现自身的价值，并将价值最大化，诱使“远邻”中计，只有强大的利益驱动，才能发挥此计的最大功效。

第二，慎重挑选“交”“攻”对象。这是实施“远交近攻”之计的核心要求。如果“交”“攻”对象选择不慎会陷入满盘皆输的境地。在“交”的对象选择上，应选择实力较强的国家或军队，形成“强强联合”之势，尔后逐步蚕食，最终称霸一方，但同时也应注意所“交”对象应有共同利益，这样才能有相互信赖的基础，否则只会事与愿违。在“攻”的对象选择上，应选择实力较弱且战略地位重要的国家或军队。

第三，合理选择使用时机。这是实施“远交近攻”之计的基本保证。“远交近攻”之计的运用，须从战略全局出发，用好用活军事手段，使军事同政治、经济、外交等手段紧密配合。应善于把握最佳时机，先发制人、抢先下手，以达事半功倍之效。抓住时机后，应积极作为，但不能急于求成，应做到战略上进取和战术上稳扎稳打相统一。决策者应审时度势，加强战略运筹，认准时机，主动出击，做到“致人而不致于人”。

当敌人使用“远交近攻”之计时，我们应该采用以下防范对策。

第一，要及时识破敌人的阴谋，甚至可借机利用敌人。一旦发现敌人已把己方作为“远交”而结交时，可以佯装积极接受他们的好意，为己方赢得时间。在此期间，我们可以做充分的准备，避免措手不及，这是一种以退为进的策略。另外，我们还可以借机利用敌人，既然我们可以成为敌人的“远者”，反过来敌人也同样可以作为“远者”被我们“交”。随后借机先行，巧妙地利用敌人，给自己创造成功的契机。

第二，及时揭露敌人的阴谋，联合对敌。如果一旦发现敌人已经把我们视为“近敌”，难逃厄运，不要消极等待，坐以待毙。要针对敌人分化瓦解的策略，广交盟友，尽可能地争取同情及援助。争取援助时要晓之以

利害，公开而彻底地揭露敌人“远交近攻”的分化阴谋，以便激起盟友的义愤，联合起来，共同对敌，让敌人的阴谋尽快破产。

第三，关注敌情，相机而动。如果我们的力量足够强大，同时又有足够的援助，而且也做好了充分的战斗准备，那么不妨来个“御敌于国门之外”；如果我们的力量较弱，而敌人已锋芒毕露，那么不妨来个“诱敌深入”；如果敌方有可乘之机，不妨来个“围魏救赵”。三十六计的防御措施并非孤立存在，也非一成不变，可以灵活运用，机动制敌。

秦国一统天下

战国末期，七雄争霸。秦国经商鞅变法之后，势力发展最快。秦昭王开始图谋吞并六国，独霸中原。

公元前 270 年，秦昭王授意穰侯魏冉兴兵经韩、魏两国伐齐。范雎此时向秦昭王献上“远交近攻”之策，阻止秦国攻齐。他说：“齐国势力强大，离秦国又很远，攻打齐国，部队要经过韩、魏两国。军队派少了，难以取胜；多派军队，打胜了也无法占有齐国土地。不如先攻打邻国韩、魏，然后逐步推进。”

范雎

秦昭王欣然采纳了范雎的建议。为了防止齐国与韩、魏结盟，秦昭王派使者主动与齐国结盟。其后四十余年，秦

始皇继续坚持“远交近攻”之策，远交齐楚，首先攻下韩、魏，然后又从两翼进兵，攻破赵、燕，统一北方；接着攻破楚国，平定南方；最后把齐国也打败了。秦始皇征战十年，终于实现了统一中国的愿望。

古巴比伦崛起

公元前 1792 年，汉谟拉比继承王位，成为古巴比伦第一王朝的第六任国王。当时的巴比伦疆域狭小，国势很弱，而周边却是强国如林：西北有玛里，东北有埃什努那，南边有伊新、乌鲁克，东南有拉尔萨，北面是亚述，东面是善战的伊兰人。

为使巴比伦强盛起来，汉谟拉比致力于发展经济，几年后巴比伦便财茂物丰。雄才大略的汉谟拉比不满足于此，他的奋斗目标是吞并诸国，统一两河流域。为此他采用了远交近攻的战略。汉谟拉比把南方的近邻伊新确定为第一个吞并目标。为达到这一目的，他向强大的亚述帝国俯首称臣，极尽讨好之能事，同时又和拉尔萨密切友好关系。其后，汉谟拉比联合拉尔萨一举灭亡了伊新，并顺势吞并了乌鲁克。

汉谟拉比头部雕像

后来，汉谟拉比又联合饱受亚述欺凌的玛里，共同对付亚述。公元前 1783 年，亚述国王沙玛什亚达德一世去世，汉谟拉比乘机帮助原玛里国王吉摩里利姆复位，接着两国军队开向亚述，占据了亚述的南部地区，亚述帝国从此一蹶不振。为进一步拉拢玛里，汉谟拉比出兵帮助玛里击退了西边游牧部落和东邻埃什努那的进攻，使玛里国王吉摩里利姆同他结为刎颈之交。

看到巴比伦北部再无强敌，汉谟拉比又把吞并的矛头指向昔日的盟友拉尔萨。公元前 1763 年，汉谟拉比联合玛里军队打败了拉尔萨。当玛里国王吉摩里利姆深感自己处境不妙时，汉谟拉比已将大军摆在玛里城下，原为“兄弟”的吉摩里利姆被迫向汉谟拉比称臣。两年后，吉摩里利姆发动叛乱，被汉谟拉比诛杀。

公元前1755年，汉谟拉比又征服了最后一个邻国埃什努那。这样，经过30年的征战，汉谟拉比终于统一了两河流域。

在这里，汉谟拉比采用“远交近攻”的谋略，先后吞并了诸国。他总是集中力量攻打一个目标，在时机不成熟时绝不轻易放弃任何盟友，这是他成功的奥秘所在。

雀巢公司摆脱危机

雀巢公司是全球规模最大的跨国食品公司，至今已兴盛发展了150多年。它所生产的食品，尤其是速溶咖啡，备受青睐，风靡全球，是其拳头产品之一。然而，就是这样一个饮誉世界的雀巢帝国，在20世纪70年代却险些名誉扫地，“一命呜呼”。

20世纪70年代末80年代初，世界上出现了一种舆论，说雀巢食品的竞销，导致了发展中国家母乳哺育率下降，从而导致了婴儿死亡率的上升。由于当时雀巢的决策者拒绝考虑舆论，继续我行我素，加上竞争对手的煽风点火，到了20世纪80年代，竟形成了一场世界性的抵制雀巢奶粉、巧克力及其他食品的运动。雀巢产品几乎在欧美市场上无立足之地，给雀巢公司带来了严重的危机。在残酷的事实面前，雀巢公司的决策者不得不重金礼聘世界著名的公共关系专家帕根来商量对策，帮助雀巢公司渡过这一难关。

帕根受此重托后，立即着手调查分析。结果，他发现，造成这场抵制雀巢食品运动的根源，就在于雀巢公司以大企业、老品牌自居，拒绝接受公众的意见。另外，由于雀巢公司的推销活动，对公众是保密的。这使得雀巢公司与公众之间的信息交流不通。所有这一切，都犯了公共关系的大忌，也就难怪误解、谣传遍起。

帕根根据调查分析的结果，制订出了一个详细周密的公共关系计划，呈报给雀巢公司。帕根的这一计划，把行动的重点放在了抵制最强烈的美国，虚心听取社会各界对雀巢公司的批评意见，开展大规模的游说活动，组织

有权威的听证委员会，审查雀巢公司的销售行为等，使舆论逐渐改变了态度。在“近攻”取得初步胜利的基础上，帕根建议接任雀巢公司总经理之职的毛奇，开辟发展中国家的市场，把它作为雀巢产品的最佳市场。在开拓市场过程中，雀巢公司吸取了以往的教训，不是把第三世界国家单纯看作雀巢产品的市场，而是从建立互利的伙伴关系着手。

雀巢公司每年用 60 亿瑞士法郎，从发展中国家购买原料，每年拨出 8000 万瑞士法郎，来帮助这些国家提高农产品的质量。同时，还聘请 100 多名专家，在第三世界国家举办各种职业培训班。比如，在印度的旁遮普邦，雀巢公司进入莫加区建立了一个奶品工厂。由于那里的家庭所饲养的产奶水牛，不仅营养不良，而且很多都染有疾病。大多数农民只能生产仅够自己所需的牛奶，根本没有任何剩余牛奶可供出售。于是，雀巢公司设立了一个免费的兽医服务处，以批发价格向农民供应药品，并提供低息贷款支持开掘新水井，增加用水的供应。这样一来，使更多的草料长起来了，牛犊的存活率也从 40% 提高到 75%。在这一计划开始时，那里只有 4460 户牛奶直接供应者，在计划实施之后，牛奶供应者超过了 3.5 万户，每年向雀巢公司售奶可达 11.7 万吨。牲畜疾病已基本绝迹。这个奶品工厂发展所创造的繁荣，协助带来了电力、电讯、农机、交通事业的发展。昔日的贫瘠之地，今日已欣欣向荣。

雀巢公司 LOGO

如此一系列的活动，使雀巢公司在发展中国家里树立起了良好的形象，因而销路大增。又取得了“远交”的胜利。

1984 年，雀巢公司的年营业额高达 311 亿瑞士法郎，雄居世界食品工业之首。

第二十四计　假道伐虢

【原　文】

两大之间，敌胁以从，我假以势[①]。困，有言不信[②]。

【注　释】

①两大之间，敌胁以从，我假以势：假，借。句意为：处在两个大国之中的小国，敌方若胁迫小国屈从于他时，我则要借机去援救，造成一种有利的军事态势。

②困，有言不信：语出《易经·困》卦。困，卦名。本卦为异卦相叠（坎下兑上），上卦为兑为泽，为阴；下卦为坎为水，为阳。卦象表明，本该容纳于泽中的水，离开泽而向下渗透，以致泽无水而受困，水离开泽流散无归也自困，故卦名为“困”。困，困乏。卦辞：“困，有言不信。”意为处在困乏境地，难道不相信这计吗？此计运用此卦理，是说处在两个大国中的小国，面临着受人胁迫的境地时，光是嘴上说，而没有实际行动，那是不会使他相信的。

【译　文】

当处于敌我两大势力之间的一股弱小势力受到敌人威胁时，我应立即出兵前往救援，借机将自己的势力渗透进去。对处于这种困境的国家，如果只空谈支援而无实际行动，他是不会轻易相信我们的。

编者解读

“假道伐虢”有瞄准时机，渗透势力的含义。这种行动不是靠花言巧语可以骗取的。前提是需要借道的小国正好处于不利的形势，敌方企图利用武力来逼迫其降服。己方此时就可以用不侵犯它的利益作保证，利用它侥幸图存的心理，立刻把力量扩张进去，控制整个局面。这样，小国最终势必不能自立，己方不必发动战争，就可以轻而易举地将其拿下。

而“假道伐虢”更深的含义，是一种军事上的跳板战略。其意在于先利用甲（小国）做跳板，去消灭乙。此时甲放松了警惕，也失去了救援，在回师的路上就可以连甲也一并灭掉。这是一种以借路为名，行霸占之实的计策。

小国的君主之所以会心甘情愿地提供便利给他国，一是出于对利益的考虑，一是对势力的思量。就第一种情况而言，一般来说，小国的君主都会预料到借道对自身的不利后果，但是在巨大的利益面前，他往往会利令智昏，被眼前暂时独立的利益蒙蔽双眼，不明不白地就把国家拱手相送了。而后一种情况，被借道的国家大多实力比较弱小，于是奢望通过借道给大国，灭掉与自己相邻的国家，一方面自己可以坐收渔利；另一方面可以与大国攀上关系，保一个平安。殊不知，大国既然可以借你之路灭掉邻国，就一样可以将你收入囊中。

而对于施计者来说，此计的关键在于“假道”。要善于寻找“假道”的借口，理由也要充分，并善于隐蔽“假道”的真正企图，而后突出奇兵，往往可以轻松取胜。施用“假道伐虢”计谋时，首先总是要寻找一种“充分理由”，能“诓骗”对方的借口，走出自己的第一步，让对方坦然“上当”，而后再进一步“蚕食”或突然“鲸吞”对方，以实现自己的真实意图。

当敌人使用“假道伐虢”之计时，我们可以采取以下防范对策。

第一，力求内部团结，不给强敌以可乘之机。如果内部分崩离析，纷争不断，就会给敌人趁隙进攻的机会。因此，内部团结一致，共同对敌很重要。

第二，建立良好的外部关系，避免发生离间。强敌在利用此计时，常常会挑拨我们和盟友的关系，使我们陷入孤立无援的境地，借机将我们打败。因此，巩固与盟友的关系，可以有效制止敌人的蠢蠢欲动。

第三，保持清醒，正确作出分析判断。对敌人的借道请求，如果坚决不予理会，一定会引起敌人的憎怒。恼羞成怒的敌人势必会向我们发起猛烈的进攻，将我们无情地置于死地。所以，当敌人要求借路时，要设法弄清楚他们的真正意图。对不具威胁性的要求可以答应下来，而对有阴谋的要求一定要及时进行防范。

楚文王灭息

东周初期，各诸侯国都乘机扩张势力。楚文王时期，楚国势力日益强大，汉江以东的小国，纷纷向楚国称臣纳贡。当时有个小国叫蔡国，仗着和齐国联姻，认为有个靠山，就不买楚国的账，楚文王怀恨在心，一直在寻找灭蔡的时机。

蔡国和另一小国息国关系很好，蔡侯、息侯都是娶的陈国女人，经常往来。但是，有一次息候的夫人路过蔡国，蔡侯没有以上宾之礼款待，气得息侯夫人回国之后，大骂蔡侯，息侯对蔡侯有一肚子怨气。

楚文王听到这个消息，非常高兴，认为灭蔡的时机已到。他派人与息侯联系，息侯想借刀杀人，向楚文王献上一计：让楚国假意伐息，他就向蔡侯求救，蔡侯肯定会发兵救息。这样，楚、息合兵，蔡国必败。楚文王一听，何乐而不为？他立即调兵，假意攻息。蔡侯得到息国求援的请求，马上发兵救息。可是兵到息国城下，息侯竟紧关城门，蔡侯急欲退兵，楚军已借道息国，把蔡侯围困起来，最终俘虏了蔡侯。

蔡侯被俘之后，痛恨息侯，对楚文王说：息侯的夫人息妫是一个绝代佳人。他这话是刺激好色的楚文王。楚文王击败蔡国之后，以巡视为名率兵到了息国都城。息侯亲自迎接，设盛宴为楚王庆功。楚文王在宴会上，趁着酒兴说："我帮你击败了蔡国，你怎么不让夫人敬我一杯酒呀？"息侯只得让夫人息妫出来向楚文王敬酒。楚文王一见息妫，果然天姿国色，马上魂不附体，决定一定要据为己有。第二天，他举行答谢宴会，早已布置好伏兵，席间将息侯绑架，轻而易举地灭了息国。

晋国灭虞虢

春秋时期，晋国想吞并邻近的两个小国：虞和虢，这两个国家之间关系不错。晋如袭虞，虢会出兵救援；晋若攻虢，虞也会出兵相助。大臣荀息向晋献公献上一计。他说，要想攻占这两个国家，必须离间他们，使他们互不支持。虞国的国君贪得无厌，我们正可以投其所好。他建议晋献公拿出心爱的两件宝物，屈产良马和垂棘之壁，送给虞公。献公哪里舍得？荀息说：大王放心，只不过让他暂时保管罢了，等灭了虞国，一切不都又回到你的手中了吗？献公依计而行。虞公得到良马美璧，高兴得嘴都合不拢。

晋国故意在晋、虢边境制造事端，找到了伐虢的借口。晋国要求虞国借道让晋国伐虢，虞公得了晋国的好处，只得答应。虞国大臣宫之奇再三劝说虞公："这件事办不得。虞虢两国，唇齿相依，虢国一亡，唇亡齿寒，晋国是不会放过虞国的。"虞公却说："交一个弱朋友去得罪一个强有力的朋友，那才是傻瓜呢！"

晋军通过虞国道路，攻打虢国，经过四个月取得了胜利。班师回国时，把劫夺的财产分了许多送给虞公。虞公更是大喜过望。晋军大将这时装病，称不能带兵回国，暂时把部队驻扎在虞国京城附近。虞公毫不怀疑。几天之后，晋献公亲率大军前去，虞公出城相迎。献公约虞公前去打猎。不一会儿，只见京城中起火。虞公赶到城外时，京城已被晋军里应外合强占了。就这样，晋国又轻而易举地灭了虞国。

图德拉空手打入石油界

图德拉是位委内瑞拉石油业和船业的大王，在 20 世纪 60 年代还只是个小商人。一个偶然的机会，他得知阿根廷想从国际市场上采购 2000 万美元的丁烷气。他突发奇想，决定去碰碰运气。当他来到阿根廷之后，才发现自己碰到了强劲的对手——英国石油公司和壳牌石油公司。

是打退堂鼓，还是迎难而上？他决定用自己的智慧，跟两家公司叫板。图德拉精心调查，苦思良策。一天，他在报纸上发现一则消息：阿根廷牛肉过剩，积压严重，亏损大增，他们正不惜代价卖掉这些牛肉。这条消息引起了他的注意，这不是天赐良机吗？为什么不利用一下？

他以帮阿根廷推销 2000 万美元的过剩牛肉为条件，得到了丁烷气的采购投标机会。接下来，他又以向西班牙一家销售疲软的大船厂订购一条价值为 2000 万美元的超级油轮为诱饵，把阿根廷的过剩牛肉卖给了西班牙。最后，他用出租这条西班牙油轮的方式，在美国太阳石油公司换回了阿根廷所需要的丁烷气。

这单本来只有 2000 万美元的生意，竟被图德拉巧妙地做到了 6000 万美元。而且他不但没花分文资本，相反还赢得了 350 万美元的利润。

就这样，图德拉一分不花，空手打进了石油界，从此大发其财。

第5章　并战计

并战计是《三十六计》第五套计谋，包括偷梁换柱、指桑骂槐、假痴不癫、上屋抽梯、树上开花、反客为主六计。并战计以防范为主，避免被他人兼并。

第二十五计　偷梁换柱

【原　文】

频更其阵，抽其劲旅，待其自败，而后乘之①。曳其轮也②。

【注　释】

①句中的几个“其”字，均指敌方言之。
②曳其轮也：“语出《易经·既济》卦。既济，卦名，本卦为异卦相叠（离下坎上）。上卦为坎为水，下卦为离为火。水处火上，水势压倒火势，救火之事，大告成功，故卦名“既济”。既，已经；济，成功。此句意为：拖住了车轮，车子就不能运行了。

【译　文】

设法频繁不断地调动和变更敌方阵容，借以促使其抽换主力。待它外实而内虚，自趋失败之时，就可以乘机击垮它。这就好像拖住了轮子，也就掌控了整个车辆的运行一样。

编者解读

“偷梁换柱”是一种偷换概念的计谋，是通过暗中变换事物的本质或内容，以达到蒙混欺骗之目的。“偷天换日”“偷龙换凤”“调包计”都是同样的意思。梁，指采用粗大而坚实木料的房梁；柱，指支撑房梁的较细木料。这里用来比喻军队的主力与非主力的关系。

“偷梁换柱”之计的重要特征是变换，“频更其阵，抽其劲旅”，重在通过变换以模糊视听，包括“偷换”己方精锐力量，从而乘机控制敌人，彻底扭转不利局面。想要运用好此计，需要注意以下三点。

第一，把握关键，所偷换的必须是“梁”和“柱”。在房屋的构造中，梁和柱都是最关键的部位，往往选用最结实耐用的材料。军阵中也是如此，在关键位置会部署最精锐的部队。梁、柱不稳，则房屋摇摇欲坠；抽去或调换军阵中的精锐，则阵容必然被打乱。所以此计的要点之一就是要找到

敌方体系中最重要、起着“梁”和“柱”作用的关键环节，这些关键环节可以是敌方的指挥系统，也可以是通信枢纽、要害部门和重要节点。一旦找准，就要及时下定决心、果断出手，以次要换主要，以假换真，以坏换好，要保证被换的东西不仅起不到应有的作用，反而会对这些节点起到破坏和瓦解作用，从而取得作战想要达到的效果。

第二，隐蔽行动，“偷”和“换”的手法要巧妙。“偷梁换柱”是一着险棋，意图一旦暴露，反而会“偷鸡不成反蚀一把米”。对此，施计者对此必须有清醒的认识，要着眼于“偷”和“换”，暗中运作，以巧成事。要通过不断变化，收集敌人信息，打乱敌人部署，扰乱敌人正常思路和判断力，为我施谋用计创造条件。

第三，乘虚而入，“偷梁”和“换柱”的时机要正确。“偷梁换柱”在军事、政治、经济、外交、情报战等活动中常被用作奇谋妙计，因此，想要此计能收到出奇制胜的结果，就必须把握好“偷梁”和“换柱”的时机。通常而言，当敌人实力强大、攻势正猛时，不可贸然行动，以免被敌人吞并。因此，“偷梁换柱”的第三个要义就在于乘虚而入，先除去敌人的精兵，削弱敌人的力量，“待其自败，而后乘之”是最佳的时机。

当敌人运用“偷梁换柱”之计时，我们应该提高警惕，采取以下措施进行应对。

第一，处处设防，不给他人以可乘之机。我们除了要严加防范面前的敌人，对于中立者、盟友等其他力量，也要时时处处做好必要的防备。做到不轻信于人，更不要随便将主力托付于人，以防被人吞并或彻底消灭。此外，还要不断壮大自己的实力，从而让自己有强大的独立竞争能力和反抗能力，以防被人攻击。总之，要做到处处警觉、小心谨慎，为自己设立坚固的心理及物理防线。

第二，严守“梁”和“柱”，及时发现，及时补救。要事先将应急措施准备好，一旦发现梁、柱被敌人偷换，立即实施补救，挽回损失。要做到这些，信息反馈尤其重要。我们要与自己所属的各个部门，特别是重要的部门，时时保持紧密联系，保证信息畅通，尽可能地减少损失。

第三，陈述观点时要结论明确，表达清晰，不给他人可乘之隙。因为一旦我们的思想观点不明确或语言表达不清楚，就会给人造成含混不清、似是而非的感觉，很容易被人故意曲解或断章取义，被人抓住把柄，偷梁换柱。因此，在应该表达清楚的地方，一定要用科学规范的语言表述，必要时还要加以解释和说明，让敌人无机可乘。

赵高伪造诏书

公元前 221 年，秦始皇称帝，自以为江山一统，是子孙万代的家业了。而且，他认为身体还不错，也一直没有立太子。宫廷内，存在两个实力强大的政治集团。一个是长子扶苏、蒙恬集团，一个是幼子胡亥、赵高集团。扶苏恭顺好仁，为人正派，在全国有很高的声誉。秦始皇本意欲立扶苏为太子，为了锻炼他，派他到著名将领蒙恬驻守的北线为监军。幼子胡亥，早被娇宠坏了，在宦官赵高教唆下，只知吃喝玩乐。

扶苏、蒙恬、胡亥和赵高

公元前 210 年，秦始皇第五次南巡，到达平原津（今山东平原县附近），突然一病不起。此时，秦始皇也知道自己的大限将至。于是，连忙召丞相李斯，要李斯传达密诏，立扶苏为太子。当时掌管玉玺和起草诏书的是宦官头儿赵高。赵高早有野心，看准了这是一次难得的机会，故意扣压密诏，等待时机。

几天后，秦始皇在沙丘平召（今河北广宗县境）驾崩。李斯怕太子回来之前，政局动荡，所以秘不发丧。赵高特此去找李斯，告诉他，皇上赐给扶苏的信，还扣在我这里。现在，立谁为太子，我和你就可以决定。狡猾的赵高又对李斯讲明利害，说，如果扶苏做了皇帝，一定会重用蒙恬，到那个时候，宰相的位置你能坐得稳吗？一席话，说得李斯心动不已，二人合谋，制造假诏书，赐死扶苏，杀了蒙恬。

赵高未用一兵一卒，只用偷梁换柱的手段，就把昏庸无能的胡亥扶为秦二世，为自己今后的专权打下基础，也为秦朝的灭亡埋下了祸根。

吕后诱杀韩信

楚汉相争，以刘邦大胜建立汉朝为结局。这时，各异姓王拥兵自重，对刘氏天下威胁极大。剪灭异姓诸王，是刘邦日夜考虑的大事。异姓诸王中，韩信势力最大。刘邦借口韩信袒护一叛将为由，把他由楚王贬为淮阴侯，调到京城居住，实际上有点“软禁”的味道。韩信功高盖世，忠于刘邦。当年楚汉相争，战斗激烈之时，谋士蒯彻曾建议韩信与刘邦分手，使天下三分。韩信拒绝了蒯彻的建议，辅佐刘邦夺得天下。而今却落得这样的下场，心中怨恨至极。

公元前200年，刘邦派陈烯为代相，统率边兵，对付匈奴。韩信私下里会见陈烯，以自己的遭遇为例，警告陈烯，你虽然拥有重兵，但并不安全，刘邦不会一直信任你，不如乘此机会，带兵反汉，我在京城里接应你。两个人秘密地商量好，决定伺机起事。

公元前197年，陈烯在代郡反汉，自立为代王。刘邦领兵亲自声讨陈烯。韩信与陈烯约定，起事后他在京城诈称奉刘邦密诏，袭击吕后及太子，两面夹击刘邦。

可是，韩信的计谋被吕后得知。吕后与丞相陈平设下一计，对付韩信。吕后派人在京城散布：陈烯已死，皇上得胜，即将凯旋。韩信听到这个消息，又没有见到陈烯派人来联系，心中甚为恐慌。一日，丞相陈平亲自到韩信家中，谎称陈烯已死，叛乱已定，皇上已班师回朝，文武百官都要入朝庆贺，请韩信立即进宫。韩信本来心虚，只得与陈平同车进宫。结果被吕后逮捕，囚系在长乐宫之钟室。

半夜时分，韩信被杀。后世称“未央宫斩韩信”。盖世英名的韩信至死也不知道，陈烯已死的消息，完全是谎言。陈烯叛乱，是在韩信死了两年之后才平定的。

韩信

李嘉诚入主英资企业

1950 年，李嘉诚毅然向地产业投资。从 1977 年开始，他的“长江实业有限公司”发展规模越来越大，业务范围已超出了地产生意，开始多元化及综合化发展。而在香港这一隅之地，李嘉诚觉得似乎有点转不开身了。于是，他开始打起入主英资企业的主意来。

李嘉诚深知，香港华人发迹者虽多，但还没人敢动实力雄厚的英资集团。每个试过的外国大老板，最后都碰得头破血流。李嘉诚也曾自省，这些英资企业的背后是港府这棵好乘凉的大树，而你李嘉诚除了一颗勃勃的雄心，身后就什么都没有了。

世上无难事，只怕有心人。李嘉诚开始悄悄地向英资公司进军了。

1978 年，李嘉诚不动声色地在股市上买了一家老牌英资公司“青洲英泥”的股票，待股份达到 25% 时，他出任了该公司董事。等股份达到 40% 以上时，他成功坐上了该公司董事局主席的宝座。打这一仗，是因为他知道，“青洲英泥”在红石勘海一带拥有几十万平方米的地皮，到 20 世纪 80 年代，这里将大有可为。

紧接着，李嘉诚又把目标转向有“洋行王国”之称的怡和集团，并把怡和主将之一的“九龙仓”作为进攻目标。他同样是不声不响地买入股票，到已购入 20% 股权的时候，得知包玉刚先生亦决意与英资争夺九龙仓，遂将买入的 1000 万股全部转让给了自己的同胞，自己从中盈利 5900 万港币。

随后，李嘉诚又暗暗打定主意。之前收购“青洲英泥”“九龙仓”，不过是他进攻英资公司的一个小小的尝试。他的眼睛始终盯着“和记黄埔”这头由汇丰银行控制着 40% 股权的狮子。这头狮子是由一家老牌和记洋行和黄埔船坞进行合并后的产物，经营着大规模的香港地产生意。世界千家大公司中都有它的名字，是香港十大财阀名下最大的一家上市公司，它的市值比“长江实业”要多出 55 亿港元。

1978 年 9 月，时机终于来了。“和黄”内部经营不善、盈利不佳，汇丰银行决定在背后积极物色一个能胜任的老板。李嘉诚的一系列胜利，汇丰银行早已看在眼里，早就认定他是最合适的经营家，也最有能力推动“和黄”向前更好地发展。

于是，汇丰银行将自己掌握的 22% 的普通股转让给了李嘉诚。李嘉诚于当月 25 日正式出任了“和黄”董事。待其股份达到 39.6% 时，英资集团董事局主席的交椅非他莫属了。从此，这家香港英资古老洋行便成为四大洋行归入华资财团旗下的第一家，而李嘉诚的“长江实业（集团）有限公司”也由此摘取了香港集团公司的桂冠。

李嘉诚巧妙地运用“偷梁换柱”之术，采用购买股份，身居要位的方式，成功地吞并了一个又一个英资企业，使得自身的财产总价值最终超过了 200 亿港元。李嘉诚自己也名列港澳十大富豪榜首，成为香港举足轻重的人物。

李嘉诚

第二十六计　指桑骂槐

【原　文】

大凌小者，警以诱之①，刚中而应，行险而顺②。

【注　释】

①大凌小者，警以诱之：强大者要控制弱小者，要用警戒的办法去诱导他。

②刚中而应，行险而顺：语出《易经·师》卦。师，卦名。本卦为异卦相叠（坎下坤上）。本卦下卦为坎为水，上卦为坤为地，水流地下，随势而行。这正如军旅之象，故名为“师”。本卦《象》辞说：“刚中而应，行险而顺，以此毒天下，而民从之。”“刚中而应”是说九二以阳爻居于下坎的中信，叫“刚中”，又上应上坤的六五，此为此应。下卦为坎，坎表示险，上卦为坤，坤表示顺，故又有“行险而顺”之象。以此卦象的道理督治天下，百姓就会服从。这是吉祥之象。毒，督音，治的意思。

【译　文】

强大者慑服弱小者，要善于利用恐吓、警告的方法去引诱。适当的威严和强硬可以得到较广泛的响应和拥护，在危机紧要时刻使用果敢的手段才能使人敬服。

编者解读

“指桑骂槐”的原意是指着桑树骂槐树，后来引申为一种骂人的艺术。在环境、身份、礼节等多种因素的限制下，骂人者想骂某人，但又不便于直接骂，于是另外找个对象来骂，让被骂者得到警戒，明明感觉到在挨骂，却因为没有被指名道姓，找不到回击的把柄，即便咬牙切齿也无法站出来还击，有苦难言。因此，此计可成功避免正面冲突。

“指桑骂槐”在军事上是一种用“杀鸡儆猴”的手段严肃法纪、树立威信的策略。顽皮的猴子经常不服调教，驯猴人便当其面杀鸡，用鲜血淋漓的下场来恐吓它，这样猴子便乖乖地驯服了。在面对众多下属的时候，为了统一组织内部的意志与行动，以防兵不服将、有令不行、有禁不止的事情发生，智慧的指挥官会常常暗中找借口对相关人士施行警告，或采用较为强硬的态度对其加以诱迫。这是一种轻松统驭众人的心理战略。

“指桑骂槐”在不同时节、不同形势下的表现形式各具特色，想要运用好“指桑骂槐”之计，需要做到以下三点。

第一，正确处理好“指桑”与“骂槐”的关系。此计中，“桑”表示被惩罚或打击的一方，“槐”表示被警告或震慑的一方，可以把“指桑”和“骂槐”分为四种形式。一是实指实骂，即所指的“桑”和“槐”都很明确，并且对它们采取了实实在在的惩治措施。二是实指虚骂，即所指的“桑”很具体，但所骂的“槐”并不明确。三是虚指实骂，即表面上所指的“桑”不明确，但暗里所骂的“槐”却很明确。四是虚指虚骂，即何为“桑”，何为“槐”，都没有具体指明，只是抓一件事借题发挥，目的在于引人警戒。无论是哪种形式的“指”和“骂”，都应该明确“指桑”只是手段，“骂槐”才是最终目的，施行此计的关键在于，战场上出现了需要“指桑骂槐”的形势时要将“桑”与“槐”的分量衡量好，应注意“桑”轻“槐”重，不能顾此失彼，更不能反向替代，要确保能成功“骂槐”。

第二，指挥官要胸怀全局。无论是在军事、政治和外交中对于弱小对手的警告利诱，对强大对手的旁敲侧击，还是在军队管理中用警告等暗示手段统领部下和树立威严，“指桑骂槐”归根结底都带有“警”的底色，更多体现的是一种战略上的威慑作用。这就要求指挥官对外要胸怀全局，对内要令行禁止、严明军纪。

第三，充分把握“指桑骂槐”的分寸。在此需要强调的是，虽然“指桑骂槐”之计在军事中运用比较普遍，但它并不是一种攻城略地、斩将杀敌的计谋，

而是一种对外强调战略震慑、对内讲究“杀鸡儆猴”的“奇”计。战争话语权终究需要硬实力，在充满信息不对称的战场上，在敌弱我强的战争态势下，此计相对比较有用。而当敌我差距较大，敌方优势明显时，使用此计就可能导致“指桑骂槐”未成，反倒使强敌恼羞成怒，事态恶化。因此，对于“指桑骂槐”之计的使用，一定要掌握火候和分寸，确保达到战略或战术目的。

如果担心被敌人施以“指桑骂槐”之计，我们可以采取以下防范对策。

第一，仔细观察分析，探清敌人的真实情况，不被假象所迷惑。尤其是当我们处于弱势地位时，弄清敌人的虚实就更重要。如果敌人表面上虚张声势，实则色厉内荏，我们被其虚假的强硬所吓倒，就很容易吃亏上当，失去难得的机会。相反，如果敌人实力很强，我们却低估了他的力量，不能做到知难而退，最后就会自投罗网，追悔莫及。

第二，联合其他力量，不要让自己处于孤立无援的境地。自己一时无法与强大的敌人对抗，而又希望摆脱困境时，积极有效的办法之一就是联合众小以抗一强。众多弱小者联合起来进攻，会形成“猛虎惧群狼”之势。团结力量大，绝对不能做离群的孤雁。

第三，适时救助“桑”树，让敌人的企图无法得逞。尽管我们暂时不是“桑”，但如果不能及时有效地遏制敌人“骂槐”的势头，最终也将难逃厄运。所以，在“槐”树被骂时，我们不能袖手旁观，而要千方百计地给予支援，帮它顶住敌人的压力，避免产生更大的突破口。这样，敌人“指桑骂槐”的阴谋无法继续，我们就安全了。

孙武训美女

春秋时期，吴王阖庐看了孙武的著作《孙子兵法》，非常佩服，立即召见孙武。吴王说：“你的兵法，真是精妙绝伦，先生可否用宫女进行一

场小规模的演练呢？”众美女一到校军场上，只见旌旗招展，战鼓排列，煞是好看。她们嘻嘻哈哈，东瞅西瞧，漫不经心。孙武下令百余名美女编成两队，并命令吴王的两个爱姬作为队长。两个爱姬哪里做过带兵的官儿，只是觉得好笑好玩。好不容易，才把稀稀拉拉、叫叫嚷嚷的美女们排成两列。

孙武十分耐心地、认真细致地对这些美女们讲解操练要领。交代完毕，命令在校军场上摆下刑具。然后威严地说：“练兵可不是儿戏！你们一定要听从命令，不得马马虎虎，嬉笑打闹，如果谁违犯军令，一律按军法处理！”

美女们以为大家是来做做游戏的，不想碰见这么个一本正经的人！这时，孙武命令擂起战鼓，开始操练。孙武发令：“全体向右转！”美女们一个也没有动，只是嬉笑孙武没有生气，说道：“将军没有把动作要领交代清楚，这是我的错！”于是他又一次详细讲述了动作要领，并问道：“大家听明白了没有？”众美女齐声回答：“听明白了！”

鼓声再起，孙武发令：“全体向左转！”美女们还是一个未动，笑得比上次更加厉害了。吴王见此情景，也觉得有趣，心想：你孙武再大的本领，也无法让这些美女们听你的调动。

孙武沉下脸来，说道：“动作要领没有交代清楚，是将军的过错，交代清楚了，而士兵不服从命令，就是士兵的过错了。按军法，违犯军令者斩，队长带队不力，应先受罚。来人，将两个队长推出斩首！”吴王一听，慌了手脚，急忙派人对孙武说：“将军确实善于用兵，军令严明，吴王十分佩服。这次，请放过吴王的两个爱姬。”孙武回答道：“将在外，君令有所不受。吴王既然要我演习兵阵，我依军法规定操练。”于是，将两名爱姬斩首示众，吓得众美女魂飞魄散。孙武命令排头两名美女继任队长，并继续操练。

孙武画像

鼓声第三次响起，众美女按规定动作，一丝不苟，顺利地完成了操练任务。

吴王见孙武斩了自己的爱姬，心中不悦，但仍然佩服孙武治兵的才能。后来以孙武为将，终使吴国跻身强国之列。

孙权劈帅案

208年，曹操的大军逼近江陵，打算进攻孙权。曹操向孙权下战书说："我奉献帝之命来讨伐罪臣。现在刘琮已经投降，刘备也战败逃走，我亲率八十万水军，准备同将军决一雌雄。如若降我，可免你血光之灾。"

在这种紧急的情况下，孙权召集群臣商议对策，有人主张降曹，有人主张抗曹，弄得孙权一时也没了主意。这时，诸葛亮前来舌战群儒，又加上鲁肃、周瑜对形势的全面分析，使孙权最后下定决心，要倾东吴之兵抗击曹操。孙权义正词严地对大家说："我与曹操这个老贼誓不两立，东吴要与曹操血战到底。"接着，他抽出刀来，一下子劈掉帅案的一角，提高声音说："从现在起，谁再说投降曹操，下场如同此帅案！"见此情景，那些主张降曹的人缄默无言了。

孙权刀劈帅案的目的是警告那些主张降曹的人，这种敲山震虎的做法，强行压制住了不同意见，为有效地统一内部认识，起到了积极作用。

孙权画像

推销之神原一平

日本明治保险公司有个普普通通的推销员，名叫原一平。他身材短小，其貌不扬，25岁报考明治公司时，虽被录用，但主考官劈头丢下一句：“原一平，你不是干得了这种困难工作的人。”当时的原一平，屏住呼吸，目光注视着主考官，心头却在喊：“我偏要做给你看看。”他决计要报这一箭之仇，怀着有朝一日出人头地的信念，猛冲猛打地干了3年，创下了些业绩，总算在公司里站住了脚。

然而，原一平并不因此满足，他构想了一个大胆而又破格的推销计划，找保险公司的董事长串田万藏，要一份介绍日本大企业高层人员的“推荐函”，大幅度、高层次地推销保险业务。因为串田先生不仅是明治保险公司的董事长，还是三菱银行的总裁、三菱总公司的理事长，是整个三菱财团名副其实的最高首脑。通过他，原一平经手的保险业务不仅可以打入三菱的所有组织，而且还能打入与三菱相关的最具代表性的所有大企业。但原一平不知道保险公司早有被严格遵守的约定：凡从三菱来明治工作的高级人员，绝对不介绍保险客户，这理所当然地包括董事长串田。

原一平为突破性的构想而坐立不安，他咬紧牙关，发誓要实现自己的推销计划。他信心十足地推开了公司主管推销业务的常务董事阿部先生的门，请求他代向串田董事长要一份“推荐函”。阿部听完了原一平的计划，默默地瞪着原一平不说话。原一平虽在公司工作了3年，但只是在照片上看见过阿部，头一次面对阿部那种逼人的目光，心里开始发慌，渐渐有些招架不住了。这时，阿部才缓缓地说出了公司的约定，回绝了原一平的请求。原一平却不肯打退堂鼓，问道：“常务董事，我能不能自己去找董事长，当面提出请求？”阿部的眼睛瞪得更圆了，更长时间的沉默之后，只说了5个字：“姑且一试吧。”说罢，用挤出的难以言状的笑容，打发原一平出门了。

等了几天，在接到约见通知后，原一平兴奋不已地来到三菱财团总部，

抬头看见威严的三菱大厦，心里不由紧张起来。他好不容易通过传达室被带到会客厅，却被冷冷地丢在一旁。华贵的摆设，其厚无比的地毯，一坐下就像浮在半空的沙发，难熬的长时间等待，把原一平的兴奋劲耗去大半。他疲乏地倒在沙发里，迷迷糊糊地睡着了。不知过了多长时间，原一平的肩头被戳了几下，他愕然醒来，狼狈不堪地面对着董事长。串田大喝一声："找我什么事？"还未清醒过来的原一平当即被吓得差点说不出话来，想了一会儿才支支吾吾地讲自己的推销计划，刚说："我想请您介绍……"就被串田截断："什么？你以为我会介绍保险这玩意？"

原一平来前曾想到过请求被拒绝，还准备了一套辩驳的话，但万万没有料到串田会轻蔑地把保险业务说成"这玩意"。他被激怒了，大声吼道："你这混账的家伙。"接着又向前跨了一步，串田连忙后退一步。"你刚才说保险这玩意，对不对？公司不是一向教育我们说：'保险是正当事'吗？你还是公司的董事长吗？我这就回公司去，向全体同事传播你说的话。"原一平说完转身就走。

一个无名的小职员竟敢顶撞、痛斥高高在上的董事长，使串田非常气愤，但对小职员话中"等着瞧"的潜台词又不能不认真思索。

原一平走出三菱大厦，心里很不平静，他为自己的计划被拒绝又是气恼又是失望，坐在路边胡思乱想了好长时间，当他无可奈何地回到保险公司，向阿部说了事情的经过，刚要提出辞职，电话铃响了，是串田打来的，他告诉阿部刚才原一平对自己恶语相加，他非常生气，但原一平走后他再三深思。串田接着说："保险公司以前的约定确实有偏差，原一平的计划是对的，我们也是保险公司的高级职员，理应为公司贡献一分力量，帮助扩展业务。我们还是参加保险吧。"

放下电话，串田立即召开临时董事会。会上决定，凡三菱的有关企业必须把全部退休金投入明治公司，作为保险金。当晚原一平回到家就收到串田的约见信："今天，你特地来找我，我却白活了那么大岁数，居然没有善待你，实在失礼之至。明天是假日，若不嫌麻烦，愿你能拨冗到舍下一趟。"

第二天，串田不仅亲切会见原一平，还为他特意定做西装、衬衫、皮鞋。并且说："一个像样的推销员必须有像样的外表。"原一平的顶撞痛斥，不仅赢得了董事长的敬服，还获得了董事长日后充满善意的全面支援，他逐步实现了自己的宏伟计划：3 年内创下了全日本第一的推销记录，到 43 岁后连续保持 15 年全国推销冠军，连续 17 年推销额达百万美元。1962 年，

他被日本政府特别授予“四等旭日小缓勋章”。获得这种荣誉在日本是少有的，连当时的日本总理大臣福田赳夫也羡慕不已，当众慨叹道：“身为总理大臣的我，只得过五等旭日小缓勋章。”

此事可谓“指桑骂槐”之计的典范，其貌不扬的小职员原一平被激怒，痛斥公司董事长，使他再三深思改变约定，冲破禁区，由此，原一平实现了自己的宏大计划。

原一平

第二十七计　假痴不癫

【原　文】

宁伪作不知不为，不伪作假知妄为①。静不露机，云雷屯也②。

【注　释】

①宁伪作不知不为，不伪作假知妄为：宁可假装着无知而不行动，不可以假装假知而去轻举妄动。

②静不露机，云雷屯也：语出《易经•屯》卦。屯，卦名。本卦为异卦相叠（震下坎上），震为雷，坎为雨，此卦象为雷雨并作，环境险恶，为事困难。屯，难也。《屯卦》的《象》辞又说：“云雷，屯。”坎为雨，又为云；震为雷。这是说，云行于上，雷动于下，云在上有压抑雷之象征，这是屯卦之卦象。

【译　文】

宁可假装不知道而按兵不动，也不要假装聪明而轻举妄动。做事要沉

着冷静，不能泄露自己的真实动机。这就像迅猛激烈的云雷在冬季藏入地下时，如蓄力待发般平静。

编者解读

“假痴不癫”之计，对指挥官心理素质要求极高，只有沉着镇定、不为一时得失所左右的指挥官才能运用好这一计谋。想要运用好此计，指挥官需要做到以下两点。

第一，指挥官要有出色的“表演”艺术。假痴不癫，重点就在于一个“假”字。大凡成功的军事行动，多与欺骗麻痹敌人紧密相连。此计成功的关键，就在于指挥官“假痴”的表演艺术。表演逼真，不露破绽，就能掩盖自己的真实意图。具体而言，就是要知而示之不知，能而示之不能，用而示之不用，彻底迷惑敌人后再寻机歼敌。需要强调的是，“假痴”不是真痴，指挥官在表演“假痴”的同时，内心一定要异常清醒，切忌入戏太深放松了对自我的要求，得不偿失。

第二，指挥官要有过人的定力。假痴不癫，是一种韬光养晦的谋略。如果说“假痴”是关键，那么“不癫”就是“痴”的尺度，是此计顺利实施的保证。如果把握不好“癫”的分寸，变成了“真癫”，就可能因过分轻狂而暴露自己的战略意图，后果自然非常危险。这就要求指挥官必须老成持重，要有过人的胆识和定力，以牺牲局部利益换取整体利益，最终后发制人。

在军事斗争中，局势错综复杂，要防范敌人的“假痴不癫”，指挥官就要有敏锐的洞察力，识破敌人迷惑，看清战场形势。而在识破敌人诡计后，想要破解“假痴不癫”，又需要指挥官具备出众的智慧，能够见招拆招，掌握主动权。一般来说，破解敌人的“假痴不癫”之计有以下两种方法。

第一，善于观察分析，以发现敌人“假痴”的蛛丝马迹。一旦认清真相，要当面揭穿其真面目。历史上的许多战事，都在向我们警示透过现象看本质的重要性。在敌人使用“假痴不癫”之计的时候，要当面将其真面目揭露出来。让事先毫无思想准备的敌人，对突发情况一时难以应对，只能处于十分被动、尴尬的境地。这样，他们的“假痴”就功亏一篑了。在当面揭穿敌人的骗局时，必须掌握一定的证据，然后迅速击中要害，不给敌人留下反击的机会。

第二，将计就计，以“假”当真，将敌人引入圈套。一旦发现敌人正在对我们施用计谋，即使已经识破，暂时也不要揭穿它。不如顺势来个假

糊涂，故意将其当真，让敌人相信我们已经上当。这样，敌人便会放心大胆地继续表演“假痴”之戏，却不料我们早已布下了牢牢的圈套，最终让敌人害人不成反害己。

经典战例

青梅煮酒论英雄

三国时期，曹操与刘备青梅煮酒论英雄的故事，就是“假痴不癫”的典型例证。刘备早已有夺取天下的抱负，只是当时力量太弱，根本无法与曹操抗衡，而且还处在曹操控制之下。刘备装作每日只是饮酒种菜，不问世事。

一日，曹操请刘备喝酒，席上曹操问刘备谁是天下英雄，刘备列了几个名字，都被曹操否定了。忽然，曹操说道：“天下的英雄，只有我和你两个人！”一句话说得刘备惊慌失措，生怕曹操了解自己的政治抱负，吓得手中的筷子掉到地上。幸好此时一阵炸雷，刘备急忙遮掩，说自己被雷声吓掉了筷子。曹操见状，大笑不止，认为刘备连打雷都害怕，成不了大事，对刘备放松了警觉。后来刘备摆脱了曹操的控制，终于干出了一番事业。

青梅煮酒论英雄

康熙帝智除鳌拜

康熙帝即位时才 11 岁。按照规矩，“皇帝年幼，由顾命大臣辅政”。于是，由顺治帝临终时指定的四个顾命大臣辅助小皇帝执政。四个大臣中，鳌拜最为专权，他并不把康熙放在眼里，贪赃枉法，自行其是。众人都敢怒不敢言。

康熙画像

康熙虽然年幼，但他从小就才华出众，他觉得鳌拜处处与自己作对，是个心腹大患，必须想办法除掉他。他把一些满洲贵族的子弟召集到宫中练习武艺，作为自己的亲信侍卫。

鳌拜大权独揽，谨防有实力的大臣接近康熙，并不断派人观察康熙的一举一动，不让康熙羽翼丰满，要使他成为一个真正的“孤家寡人”，这样自己就可以“挟天子以令诸侯”。他看见康熙和一些孩子在玩摔跤的游戏，就觉得对自己没有任何威胁，还认为康熙胸无大志，只知道玩耍，便放松了警惕。

一次鳌拜称病，好久不来朝拜皇帝，康熙便亲自来到鳌拜府中探听虚实。他径直来到鳌拜的卧室，发现鳌拜在席子底下藏有利刃，知道鳌拜心怀叵测。但他很沉得住气，不但不加责怪，反而安抚说：“满洲勇士，身不离

刀，乃是本色。”鳌拜听了，觉得康熙是个小糊涂虫，便完全放松了警惕，更加肆无忌惮为所欲为了。

康熙回宫后，就把那帮孩子找来，说：“大清朝已处于危急关头，你们听我的，还是听鳌拜的？”那些孩子早就不满鳌拜欺上压下的行为，个个义愤填膺地说道：“我们听从皇上的！”一天，康熙召鳌拜进宫来，说有要事相商，鳌拜不知是计，便大摇大摆地来见皇帝。康熙便命那些孩子玩摔跤游戏给鳌拜看。孩子们玩着玩着，一个个跌打翻滚地到了鳌拜身前，这个抱腿，那个按手，一个抓住头，一个揽住腰，顿时将鳌拜掀翻在地。鳌拜号称“满洲第一勇士”，力大无穷，他猛一挣扎，那些孩子便都被他绊翻在地。但这些孩子都忠于康熙，尽管敌不过鳌拜，仍死命纠缠住他不放。正在这紧急关头，康熙拿出藏在袖中的匕首，一刀刺进鳌拜的胸中，孩子们一拥而上，将鳌拜擒住。康熙当即宣告：鳌拜谋反，令监禁听审。

康熙巧妙地剪除了权臣鳌拜和他的党羽，自己亲政。他文能治国，武能安邦，平息了三藩叛乱，收复了台湾，威震欧亚，在位 60 年，是历史上一个很有作为的皇帝。

利特尔应对挑衅

利特尔公司是世界上最著名的科技咨询公司之一。它的前身是其创始人利特尔建立的一个小小的化学实验室，当时鲜为人知，丝毫也不引人注目。

1921 年的一天，许多企业家在一次集会上，谈论科学和生产的关系。一位大亨高谈阔论，否定科学的作用。

一向崇拜科学的利特尔带着自信的微笑，平静地向这位大亨解释科学对企业生产的重要作用。

这位大亨听后，不屑一顾，还嘲讽了利特尔一番，最后他挑衅地说："我的钱太多了，现在的口袋已经不够用了，想找猪耳朵做的丝线袋来装。或许你的科学能帮个忙，如果做成这样的钱袋，大家都会把你当科学家的。"说完，哈哈大笑。

聪明的利特尔怎么会听不出大亨的弦外之音呢？他气得嘴唇直发抖，但还是抑制自己，表面非常谦虚地说："谢谢您的指点。"

此后，市场上的猪耳朵被利特尔公司暗中收购一空。购回的猪耳朵被利特尔公司的化学家分解成胶质和纤维组织，然后又把这些物质制成可纺纤维，并染上各种不同的颜色，最后编成五光十色的丝线袋。这种钱袋投入市场后，顿时被抢购一空。

"用猪耳朵制丝线袋"，这一看来荒诞不经的恶毒挑衅被粉碎了。那些不相信科学是企业的翅膀，同时看不起利特尔的人，不得不对利特尔刮目相看。利特尔公司从此声名大振。

利特尔面对挑衅，不露声色"假痴不癫"，暗地里却做好了准备，收购猪耳朵，并通过科学的方法将猪耳朵制成丝线袋，从而粉碎了大亨的恶毒挑衅，因而一举成名。

第二十八计　上屋抽梯

【原　文】

假之以便，唆之使前，断其援应，陷之死地[①]。遇毒，位不当也[②]。

【注　释】

①假之以便，唆之使前，断其援应，陷之死地：假，借。句意：借给敌人一些方便（即己方故意暴露出一些破绽），以诱导敌人深入己方，乘机切断他的后援和前应，最终陷他于死地。

②遇毒，位不当也：语出《易经·噬嗑》卦。噬嗑，卦名。本卦为异卦相叠（震下离上）。上卦为离为火，下卦为震为雷，是既打雷，又闪电，威严得很。又离为阴卦，震为阳卦，是阴阳相济，刚柔相交，以喻人要恩威并用，严明结合，故封名为"噬嗑"，意为咀嚼。本卦《象》辞："遇毒，位不当也。"

本是说，抢腊肉中了毒（古人认为腊肉不新鲜，含有毒素，吃了可能中毒），因为六三阴兑爻于阳位，是位不当。

【译　文】

故意露出破绽，引诱敌人盲目前进，渗入己方，然后选择有利时机，断绝敌人的前应和后援，使其陷入绝境。这就如同贪吃有毒素的腊肉而中毒，贪图不应得的利益，必招致后患。

编者解读

“上屋抽梯”之计，是根据《孙子兵法·九地篇》中“帅与之期，入登高而去其梯”之句演绎出来的。这句话的意思是把自己的队伍置于有进无退之地，破釜沉舟，迫使士兵同敌人决一死战。孙子认为，将帅的责任，就是组织三军、激励士气、出生入死、夺取胜利。

“上屋抽梯”之计的本意是用来鼓舞己方士气，以破釜沉舟、舍生忘死的精神夺取战斗的胜利。但后人根据战争实践，积累分析战争中的经验教训，对此计进行了进一步的演绎发展，催生出新的内容和新的应用方式，不仅可以用于激发己方士气，还能用在敌人身上，而这也是此计后来应用较多的原因。

施用于敌，“上屋抽梯”之计具体可用于对敌方组织围歼。要“上屋抽梯”，先得“置梯”引敌，故意露出一些破绽，给敌人提供便利，然后截断其后援及接应，使之陷入孤立无援的境地后加以处置。

一般来说，容易引诱的敌人有四种：一是贪而不知其害者；二是愚而不知其变者；三是急躁而盲动者；四是情骄而轻敌者。而安放梯子，也有很大的学问。对生性贪婪之敌，可以利诱之；对情骄之敌，可以示己方之弱惑之；对莽撞无谋之敌，可设下圈套使其中计。总之，要根据敌人的特点，巧妙地安置梯子。“置梯”诱敌，其实是创造战机，有时需要极大的耐心。既不能招致敌人的猜疑，还要能让敌人清楚而容易地看到梯子。

同样，在运用“上屋抽梯”之计时，“抽梯”也要讲求技巧，迅速快捷。要根据不同情况采用不同的抽法，或真或假，或快或慢，或缓或急，或明或暗。至于最后采用哪种抽法，要依当时的客观情况而定，切勿主观臆断、生搬硬套，让计谋无法顺利实施。

当敌人使用“上屋抽梯”之计时，我们应该采取以下防范措施。

第一，探明敌人虚实，以防落入圈套。当我们不清楚敌人的兵力、情势时，万万不可贸然行事。可以先投石问路，探明实情，在确定前方没有陷阱后，再摸着石头过河。而用来作为探路的石头，可以是佯装的动作，可以是小股的兵力，也可以是专门的侦察人员。而不管采用哪种方式，都应该时刻保持谨慎的态度。

第二，灵活应变，摆脱僵局。如果不慎被敌人骗“上屋”，而且梯子也已被抽掉，切忌惊慌失措、任其摆布，更不可刚愎自用、鲁莽蛮干。理智的方法是另寻“下屋”之路。解决问题的办法有多种，此路不通可以另寻他路，要随机应变，千万不能“吊死在一棵树上”。

第三，善于观察、分析，以防上当受骗。如果反应迟钝，固执己见，就很容易被人利用。要眼观六路、耳听八方，善于观察和分析，对于任何微小的可疑情况都不放过，方可做到随机应变，有效地预防被敌人蒙骗。

第四，时时准备多种解决问题的方案，针对不同的问题可以拿出不同的解决办法。还可以经常变换多套行动方案，以此迷惑敌人，让敌人无法掌握我们的规律。此外，遇事要沉着冷静，不要惊慌失措，才能针对不同的情况及时拿出最好的应对策略。

第五，提防小利，不为其所动。敌人在使用“上屋抽梯”之计时往往会拿出一些小利做诱饵，所以当一些小利摆在眼前时，切忌不作分析见利就取。应该先仔细研究其是否真的可取，特别是在敌人也同样可取但却不取的情况下，更要提防此利很可能是诱饵，应谨防上当。

刘琦问计诸葛亮

东汉末年，刘表偏爱少子刘琦，不喜欢长子刘琮。刘琮的后母害怕刘

琦得势，影响到儿子刘琮的地位，非常嫉恨刘琦。刘琦感到自己处在十分危险的环境中，多次请教诸葛亮，但诸葛亮一直不肯为他出主意。

有一天，刘琦约诸葛亮到一座高楼上饮酒，在二人正饮酒之时，刘琦暗中派人撤走了楼梯。刘琦说："今日上不至天，下不至地，出君之口，入琦之耳，可以赐教矣。"

诸葛亮见状，无可奈何，便给他讲了一个故事：春秋时期，晋献公的妃子骊姬想谋害晋献公的两个儿子，即申生和重耳。重耳知道骊姬居心险恶，只得逃亡国外。申生为人厚道，要尽孝心，侍奉父王。一日，申生派人给父王送去一些好吃的东西，骊姬趁机用有毒的食品将太子送来的食品更换了。晋献公哪里知道，准备去吃，骊姬故意说道，这膳食从外面送来，最好让人先尝尝看。于是命左右侍从尝一尝，刚刚尝了一点，侍从倒地而死。晋献公大怒，大骂申生不孝，阴谋弑父夺位，决定要杀申生。申生闻讯，也不作申辩，自刎身亡。

诸葛亮画像

诸葛亮对刘琦说："申生在内而亡，重耳在外而安。"刘琦马上领会了诸葛亮的意图，立即上表请求前往江夏（今湖北武昌西），避开了后母，终于免遭陷害。

宋太祖杯酒释兵权

赵匡胤在"陈桥兵变，黄袍加身"后，成功登上皇位，即宋太祖。禁军将领石守信、王审琦、高怀德等众多功臣，也都是位高名显。赵匡胤担心他们的势力一旦强大起来，会严重危及他的皇位。但他又不忍心、也没有理由突然置他们于死地，于是，赵匡胤想出"上屋抽梯"的办法，设家宴请众功臣到位。

正当大家酒醉饭足之时，赵匡胤忽然站起来，阴沉着脸对大家说："自从我当上皇帝后，日夜难以安宁。还是你们好，自由自在的。"众将说："如今太平天下，谁还敢威胁您的皇位呢。"赵匡胤说："你们肯定是忠

诚于我的，但不能保证，你们的部下要拥立你等为王，就由不得你们了。”众人一听，他话里有话，不由惊出一身冷汗，忙问：“那我们如何是好呢？”赵匡胤接着说：“你们若能平静地安享荣华富贵，不问国事、免除国事的纷争，是最好不过了。各位要能卸（解）甲归田，我会赐许多的财宝给你们，让大家颐享天年。否则的话，大家的个人安危，我就不能保障了。”

北宋开国功臣王审琦画像

众将领听罢这一席软中带硬的话语，觉得这无疑是一顿“鸿门宴”，尽管十分不甘心，但为了保命，只能纷纷告老还乡去了。自此，赵匡胤不费一枪一弹，不冤杀一人，他的皇位如愿稳定下来。

书画买卖

在西方艺术品市场上，画廊、经纪人与画家是一种契约的代理关系：在契约期限内，经纪人为画家做包装、宣传，而画家所创作的作品必须交由经纪人代理出售，并制订具体的分成方案。在这期间，画家不得背着经纪人自行出售作品。这种契约式的经纪代理方式，正与“上屋抽梯”之计一脉相通。但是，这种方式在中国的艺术品市场上却行不通。20 世纪 90 年

代，不少画廊、经纪人都曾试图借鉴西方的代理方式。但合同归合同，经纪人老老实实地遵照契约为画家做包装、宣传，画家出了名，作品有了市场并达到了高价，他便私底下开始出售作品，买家从画家手里拿作品，比之到他的经纪人那里拿作品要便宜得多。这样，“上屋抽梯”之计便失效了，因为这个“梯”，在法制尚不健全的中国，其实是抽不去的，所谓的合同，只是一纸空文，对画家并不具有真正的约束力。

不过，另有一种“上屋抽梯”的例证，倒非常管用。如某地举办一个世界性的艺术博览会，吸引了世界各地的画家、艺术家来展销自己的作品。开始的几天，标价很高，没有人去买。到了最后一天，画家见作品销不出去，一方面，要交付摊位的租金，支付此行的开销；另一方面，也懒得把这些“毕生心血所聚”的作品搬回去，于是便大降其价。而买家，正好乘机以廉价购得自己喜爱的东西。所以，所谓“艺术博览会”，施之于画家、艺术家，实在是一个极佳的“上屋抽梯”之计，它对于买家，是一个值得引起关注的机遇。

巴黎当代艺术博览会

第二十九计　树上开花

【原　文】

借局布势，力小势大①。鸿渐于陆，其羽可用为仪也②。

【注　释】

①借局布势，力小势大：句意为借助某种局面（或手段）布成有利的阵势，兵力弱小但可使阵势显出强大的样子。

②鸿渐于陆，其羽可用为仪：语出《易经·渐》卦。渐，卦名，本卦为异卦相叠（艮下巽上）。上卦为巽为木，下卦为艮为山。卦象为木植长于山上，不断生长，也喻人培养自己的德行，进而影响他人，渐，即渐进。本卦上九说“鸿渐于陆，其羽可为仪，吉利”，是说鸿雁走到山头，它的羽毛可用来编织舞具，这是吉利之兆。

【译　文】

借助恰当的时机或别人的局面，布成有利的阵势，把己方的小力量装点成大势力，这样可使兵力弱小的阵容显得强大。这就像鸿雁高飞，横空列阵，全凭羽毛丰满的双翼增加气氛，助长气势。

编者解读

“树上开花”的原意是树上本没有花，但可将惟妙惟肖的假花粘在树枝上，制造出完美逼真的模样，让人真假难辨。引申到军事上，是指借别人的声势壮大自己的军威，对敌人进行威慑。此计可以理解为以下几种含义。

第一，借树开花。借助别人的树因利乘便，开花结果。之所以要借树开花，主要是因为自己的树还太弱小，无法开花。

第二，借鸡生蛋。借助别人的力量，可以在不增加自己投入的情况下，实现自己原本不能实现的目的。

第三，狐假虎威。自己的力量比较弱小，但还想吓唬或迷惑对方，于是可以千方百计地装出强大的阵势，让本来并不强大的力量，在对方面前显现出非常强大的声威气势。

第四，虚张声势。此计所造成的声威气势，其实只是一种虚假的力量。作为一种虚幻的假象，它不会对敌人产生真正的威胁，只能在心理上震慑敌人。

第五，巧妙伪装。运用此计的一方必须伪装得天衣无缝，不能露出半点破绽，否则结局最惨的必然是自己。

由此可见，“树上开花”之计推及具体的军事运用上，一方面可以将精锐力量布置到友军的阵地上，给原本虚弱的友军人为地制造强大的声势；另一方面则可在自己力量尚小之时，借友军的势力或借助某种因素制造假

象，让自己的阵营看起来强大。也就是说，此计主张善于借助各种外在因素来为自己助势，从而造成敌人在判断上的失误，让其不敢贸然来战，并以此从心理上震慑敌人。

当敌人运用“树上开花”之计时，我们应采取如下防范措施。

第一，探明真伪，谨防上当。摆开攻击的架势，但并不是要真的立刻攻击，而只是一种试探。这样不仅可以获得比较全面的情报资料，而且在不冒太大风险的情况下，可以灵活机动地变换战略战术：如果发现对方是虚张声势，我方可就势打下去，直到敌方一败涂地；相反，我方则可迅速撤退，不损一兵一卒。

第二，离间破势，逐个击破。一旦发现敌方同其友军已经通过相互利用或相互联合形成一股势不可当的力量，应该立刻想办法分化离间他们的关系，然后采用或拉或打、各个击破的方法，瓦解敌人的声势。此时，绝不可消极逃跑，更不可死打硬拼。另外，我们在实行分化离间的同时，还可对形势中的可借之局加以利用，从而变被动为主动。

第三，以牙还牙，将计就计。当敌人用“树上开花”之计来对付我们，企图将我们吓退时，我们应该“以其人之道，还治其人之身”，也来个“树上开花”，迷惑敌人，绝不可消极应战。这样，虽然我们搞不清敌人的虚实，但也可使敌人摸不清我们的虚实，把原来只有我们恐惧的被动局面，转化为两头都紧迫的较为主动的情势。

虞诩增灶破敌

虞诩是东汉名将，115 年，在眼看羌军即将攻陷武都之际，他临危受命，被任命为武都太守，抵御羌军进犯。

羌军知道虞诩的厉害，当得知朝廷派他来征讨时，非常恐慌，想方设法阻挡他赴任。他们在半路设防，想凭借天险阻止虞诩的队伍前进。

虞诩只带了 3000 兵马，不是羌军的对手，猛打猛冲势必损兵折将。于是，他命令队伍停止前进，并向羌军放出口风，谎称已经请朝廷派兵增援，

等待援兵到后再继续前进。

羌军以为虞诩胆怯了，不敢继续前进了，就留下少数人马留守阵地，其余大部人马忙里偷闲，都到附近的县城抢掠去了。而留守人员也误认为虞诩在等待援兵，不会前进了，故而放松了警惕。

虞诩看到机会来了，迅速动员队伍，立即开拔，日夜兼程，每天行军百余里，并命令众将士每人挖两个灶坑，以后每人每天再增挖两个。一路上，灶坑星罗棋布，越来越多。

羌军见灶坑天天增加，着实有点摸不着头脑了，他们误以为虞诩的援军真的来了，便不敢再追击他们。

部下不解其意，便问虞诩："古有孙膑减灶，而今你却增灶，这是为什么？"虞诩答道："都是给敌人造成错觉。孙膑减灶示弱，是为了诱敌深入，而我增灶示强，是为了摆脱敌人，实乃形势不同啊！"

没几天，虞诩的人马赶到了赤亭，跟当地守军合在一起，打退了包围赤亭的敌人，武都也就不再受羌兵的威胁了。

李园移花接木

战国时期，楚国楚考烈王膝下无子，正为无人继承自己的王位而担忧。

赵国士人李园，为人颇有心计，他了解到楚王的情况后，不由想出一招移花接木、树上开花的计策来：李园有个非常美丽的妹妹，他本来想把妹妹献给楚王的，又担心妹妹生不出儿子而得不到宠信。他就先让妹妹暗地里嫁给楚国宰相春申君，等到妹妹同春申君交合而有了身孕后，李园就唆使妹妹跟春申君说："你就楚国相位已有二十年了，楚王对你比亲兄弟还好。但如果楚王去世后，别人继承王位，你就没有这么富贵了。我现在已有身孕，但别人不知道，如果你把我敬献给楚王，生下儿子后，楚王肯定以为儿子是他的，这样，我们的儿子将来一定能继承王位，你我不就永享富贵了嘛。"

春申君画像

春申君听从了李园妹妹的话，设法让她做了楚王的贵妃，果然在不久后生了一个儿子，被楚王立为太子，即楚幽王。

古为今用

古尔德控制金价

1871年，美国大资本家杰伊·古尔德几乎收购了除国库以外的美国市场上的所有黄金，基本上控制了金价。但是，当时国库还有不少黄金，如果政府抛售黄金，金价势必下跌。因此，古尔德处心积虑，设法不让国库的黄金出笼。

杰伊·古尔德

古尔德了解到尤里西斯·格兰特总统有个妹妹嫁给了柯尔平上校，而柯尔平上校并不富有。于是，古尔德找到了柯尔平上校，十分热情地邀请他入股。柯尔平上校坦率地表示自己没有资本，古尔德对他说："不要紧，您不用拿一分钱。我很敬佩上校的为人和才能，想与您交个朋友。这点施予就算我的一点诚意吧！"两人最后签订了如下协议：柯尔平在古尔德这里认购200万美元的黄金股，只要黄金价格上涨，柯尔平每周可领到黄金股的涨价费。若黄金下跌，柯尔平要作相应的赔偿。

为防止金价下降，柯尔平不用古尔德示意，就自己主动通过妻子劝总统不要抛售国库的黄金。过了一段时间，市面上黄金渐少，金价飞速上升。到1871年9月22日，市面上无黄金供应，这引起全美国人民的强烈反响。迫于舆论压力，格兰特总统决定抛售国库的黄金。柯尔平劝说无效后，马上把这一消息通知古尔德，同时请总统暂缓一天宣布。就在这最后一天里，古尔德抛售出他手里所有的黄金，净赚2000万美元。

古尔德抓住关键人物投机取巧，借局布势，是商业经营中典型的“树上开花”之计。

第三十计　反客为主

【原　文】

乘隙插足，扼其主机①，渐之进也②。

【注　释】

①乘隙插足，扼其主机：把准时机插足进去，掌握他的要害关节之处。

②渐之进也：语出《易经·渐》卦。本卦《彖》辞：“渐之进也。”渐，就是渐进的意思。

【译　文】

趁着对方有漏洞就赶紧插足进去，扼住其关键要害，掌握其首脑机关，巧妙地循序渐进，达到自己的目的。

编者解读

“反客为主”的原意是主人不善于待客，反而受客人招待。引申到军事上，就是变被动为主动，将主动权逐步地掌握到自己手中。要理解此计，可从以下几个方面进行把握。

第一，先发制人，变被动为主动。当我们处于被动局势或自身力量弱小时，可以采用率先发动进攻的办法来争取主动。在军事上，一般表现为“先发制人，后发制于人”，只有先下手为强，才能有效转变被动局面。

第二，转攻为守，让敌方变主动为被动。首先发动进攻，深入敌方阵前挑起事端的为“客”；而在自己的阵地上进行防御的则为“主”。做“客”的远道而来，不仅会因长途跋涉而疲惫不堪，还会因远离根据地而难以供应物资。而为“主”的一方则以逸待劳。如果我们是“客”方，为了改变

这种不利的局面，就要变客为主。其方法是挑逗敌人来向我们进攻，而我们则转攻为守。如此，既达到了同敌人交战的目的，又能将有利的条件留给我们自己，将不利的条件转移给敌人。总之，转攻为守，不仅具有了选择地利的主动权，也增加了战胜敌人的有利因素。

第三，喧宾夺主，取代主人位置。就是主张在有机可乘的时候，先插进一只脚，然后慢慢地用力把敌人挤出去，而后取而代之，成为主人。

第四，兼并盟军，为己所有。一般指借着援助盟军的时机，打入盟军内部，等站稳脚跟后，再慢慢支配并控制盟军，做到步步为营，最后顺手把大权夺取过来，即逐步蚕食，循序渐进。

因此，军事上的“反客为主”，一般来说就是寻找敌人防御上的漏洞，趁机插入其腹地而攻其要害，控制敌方的指挥系统、首脑机关或要害部位，利用有利时机，变被动为主动，尽可能掌握战争的主动权，达到兼并或者控制他人的目的。

当敌人使用“反客为主”之计时，我们应采取如下的防范措施。

第一，尽量不给对方可乘之隙。俗话说“苍蝇不叮无缝的蛋”，其实苍蝇不是不想叮，而是它根本无法下口，想叮也叮不着。因此，反客为主的突破口就是“乘隙插足”。敌人之所以能插足进来，主要就是因为我们露出了可“叮”的缝隙，即可供其利用的条件。而为了不给敌人可乘之隙，做事就要小心谨慎，防患于未然。如果出现某些情况，也要及时发现，及时弥补。或者有了问题也要善于掩盖、隐蔽，不让客方轻易发现。

第二，避免让来客掌握机要大权。敌人一旦插足进来，成为常客，下一步就必然会向“掌握首脑机关”进军。这时，我们绝不能轻易相信他，更不能将机要大权相托或相让。

第三，切忌碍于情面，留客入住。对于那些不请自来的“客人”，我们往往会碍于情面，不便驱逐，这样必然会贻害无穷。这些不速之客大多怀有不可告人的目的，而他们为了能争得主位，常常会不择手段，什么招数都使得出来。此时，我们很容易被其迷惑，将他们作为朋友，热情款待。其结果必然是他们变“客”为“主”，掌握我方大权，无情地挥刀将我们斩于马下。

第四，将计就计，转败为胜。一旦发现己方位置被人用“反客为主”之计所取代，切忌自暴自弃，任其所为。这样只会助长敌人的嚣张气焰，让自己一败涂地。此时，我们应重整旗鼓，时刻准备再次出击，重新夺取主人之位。

经典战例

黄忠斩杀夏侯渊

三国时期，刘备统率大军前去攻打汉中。汉中的守将夏侯渊得到消息后，马上派人通知上司曹操，曹操听说后大吃一惊，立刻亲自率兵四十万前往抵御刘备的军队。

夏侯渊知道曹操的援军马上就到，便派夏侯尚带兵进攻。刘备的将领黄忠见曹军前来挑战，就派大将陈式去迎战。夏侯尚和陈式交战了几个回合之后，夏侯尚便假装战败想要逃走，陈式乘胜追击。谁知走到半路，山上突然滚下来很多大木头，砸中了陈式，夏侯渊便生擒了陈式。

黄忠听到部下的报告后，连忙去和谋士法正商量。法正说："夏侯渊这个人很浮躁，有勇无谋。我们可以采取步步为营的办法，激励军队向前推进，然后引诱夏侯渊来战，从而捉住他，这就是反客为主的战法。"

黄忠采纳了法正的建议，将阵地稳步向前推进。夏侯渊见蜀国军队不断向自己这边推进，便组织人马进行反击，派夏侯尚率军出战。结果，夏侯尚与黄忠一交手就被活捉了。

夏侯渊非常生气，出兵包围了黄忠的军队，还破口大骂。可是，任凭夏侯渊怎么辱骂，黄忠就是不出战。时间慢慢过去，曹军越来越疲惫。这时黄忠突然出战，夏侯渊来不及防范，被黄忠一刀砍成了两段，曹军大败。

黄忠画像

袁绍设计夺冀州

东汉末年，袁绍的势力逐渐强大起来，一心想要统一北方。可是，袁绍筹集不到充足的粮草，常常为此事烦心。

他的盟友韩馥得知消息后，主动借给他军需，帮助袁绍解决了暂时的困难。袁绍的谋士建议他设法夺下有“天下粮仓”之称的冀州，从根本上解决粮草短缺的窘况。

冀州是韩馥管辖的地区，袁绍虽然和他是盟友，但袁绍为了自己的政治利益，已经顾不了许多了。

袁绍知道，公孙瓒也有图谋冀州之心，便给他写了一封信，假称要和他一起攻打冀州。

公孙瓒见信大喜，马上下令，准备发兵冀州。

与此同时，袁绍又派人赶到韩馥的身边，向他吹风说：“公孙瓒要联合袁绍攻打冀州。你和袁公本是盟友，何不主动联合袁公，请他带兵入城，共抗公孙瓒呢？”

韩馥便邀袁绍进入冀州。袁绍入城后，暗地里把自己的亲信一个个安插在冀州的重要位子上，这样一来，韩馥便被架空了。

韩馥见大势已去，为防遇害，只好一个人逃走了。

鳄鱼大王杨海泉

杨海泉祖籍广东惠来，人称“鳄鱼大王”，他靠“干单行独市”的经营要诀，敢闯敢拼，创造出世界上唯一最大规模的人工养殖鳄鱼湖。

杨海泉幼年家境贫寒，只读过几年书就开始做童工。15 岁那年在友人帮助下，开了一家经营土特产收购的杂货店，但是由于竞争激烈，杨海泉资本微薄，又遭炸弹轰炸，没多久就关门了。他从生意场第一次失利中总结经验：必须独辟蹊径，大胆开创冷门生意，这样才能独占鳌头，立于不败之地。

在杨海泉与以猎鳄为生的旧相识交谈中，他发现鳄鱼全身都是宝，但是现在鳄鱼数量越来越少，于是灵机一动：何不将鳄鱼养殖起来，既可以避免因滥捕使鳄鱼绝种，又可以产生巨大的商业价值。

杨海泉很快将这个大胆奇异的想法付诸行动，然而畜养鳄鱼自古未闻，家人和亲友都对他冷嘲热讽。杨海泉顶住了压力，很快在家中修筑了养鳄鱼的池子，以猎鳄者的身份廉价收购幼鳄，小鳄鱼不值钱，有些猎鳄人免费把小鳄鱼送给他。

但是养鳄的花费却很大，杨海泉的经济收入不多，很难支撑饲养的费用。随着幼鳄一天天长大，原有池子难以容纳，亟须扩建养鳄场地。于是他采取了以鳄养鳄的办法，忍痛宰杀较大的鳄鱼换取资金，经过三年的周转，终于解除了经费困难，并略有积累，在养鳄之初就显示出他独特的经营才能。在没有经验的情况下，他靠着日夜观察和长期实践，获得了饲鳄的经验，解决了饲养中一个又一个难题。

成鳄越来越多，杨海泉又在屠杀上下功夫。鳄鱼最宝贵的部分是鳄鱼皮，传统宰杀工序粗糙、设备简陋，皮质受到很大影响。于是他购进先进设备，钻研改进操刀技术，大大提高了皮质，“海泉鳄鱼皮”大受欢迎，售价也随之成倍提高，很快占领市场。杨海泉抓住机会，创建友商贸易商行，推动鳄鱼皮销售和出口，集饲养、宰杀、销售于一体，几乎包揽了泰国鳄鱼皮的出口生意。杨海泉善于经营，讲求信用，声名远扬，生意蒸蒸日上。

这时的杨海泉不再局限于单一收购野生幼鳄加以畜养宰宰，开始人工繁殖鳄鱼的努力。1951 年，他将养鳄地址迁到富饶的海港北榄的咸淡水交汇处，随着鳄鱼的大量繁殖，养殖场规模也不断扩大。到 20 世纪 70 年代初，北榄鳄湖已发展为举世瞩目的最大规模的人工养鳄湖，率先进入了专业化养鳄的行业。

1971 年 3 月，在美国纽约召开世界保护鳄鱼大会，杨海泉作为泰国唯一的代表出席，向世界顶尖级专家讲授他的养鳄经验。1973 年，国际保护鳄鱼大会在泰国曼谷举行，会场就设在杨海泉的北榄鳄湖，高度肯定与表彰他的杰出贡献和先进经验。

杨海泉

第 6 章　败战计

败战计是《三十六计》第六套计谋，包括美人计、空城计、反间计、苦肉计、连环计、走为上计六计。所谓败战计，就是在战局对自己极端不利的情况下，不能坐以待毙，而要寻求或创造解脱困厄、转危为安、转败为胜的条件，把握有利的时机，适时地拯救自己的命运，保存自己的实力，避免不必要的牺牲。

第三十一计　美人计

【原　文】

兵强者，攻其将；将智者，伐其情①。将弱兵颓，其势自萎。利用御寇，顺相保也②。

【注　释】

①兵强者，攻其将；兵智者，伐其情：意为对兵力强大的敌人，就攻击他的将帅，对明智的敌人，就打击他的情绪。
②利用御寇，顺相保也：语出《易经·渐》卦。本卦《象》辞说："利御寇，顺相保也。"是说可以利于抵御敌人，顺利地保卫自己。

【译　文】

敌人士卒强壮，兵力强大，就要对付他们的将领；将领英明，且足智多谋，就要从情感上去腐蚀他的斗志，挫败他的意志。将领斗志衰退，士兵必定颓废、消沉，他们的战斗力自然减弱，形势也必定自行萎靡。利用这个计策来抵御敌寇，可以顺利地扭转局势，保全自己。

编者解读

"美人计"的原意是指用女色诱惑敌人，用美人对付敌人。爱美之心人皆有之，甚至有人会因爱美而痴迷。有人为了得到美人，更是不惜牺牲金钱、地位乃至道德、法律和原则。因此，"美人计"很早就被兵家所利用，成为克敌制胜的一个重要策略。

"美人计"不能只从字面上理解，而应该理解为可以凭借任何敌人信赖的人、物或事，来左右敌方，使其精神涣散，意志消退。总之，这是一种以柔克刚的损敌谋略。在古代，由于战争胜负多取决于最高统治者，故"美人计"不仅需要长期执行，而且必须有其他计谋配合，才能达到最终目的。而在现代战争迈向体系化的状况下，决定战争胜负的已不是某一个人，"美人计"的使用也更有针对性。

我们在使用“美人计”时，应该注意以下几个问题。

第一，要依照敌人的喜好，巧妙物色“美人”。俗话说：“萝卜青菜各有所爱。”人的喜好不同，我们施计时需要着手的方向也就不同。要充分依照敌人的具体好恶，选择他乐于接受的“美”。美人计中所用的“美人”，只有敌人能欣然接受时，才能产生预期的巨大威力。

第二，要巧设迷魂阵，引敌人进入圈套。想让“美人”被敌人接受，我们奉送的方式也很关键。如果方式灵活巧妙，一切都做得顺理成章、天衣无缝、不留痕迹，敌人便不会产生疑惑，才会放心大胆地接受。

第三，“美人”只是克敌制胜的工具，却无法决定成败。“美人计”一般被作为达到目的的辅助手段，它的主要目标是摧毁敌人的精神壁垒。要想彻底歼灭敌人，常常还要依靠武力决战。所以，在施用“美人计”的时候，还要积极创造或寻找时机发动武力进攻，进行配合，切不可侥幸依靠此一个计谋，便想获取胜利。

当敌人运用“美人计”时，我们应该采取以下防范措施。

第一，提高警觉，远离陷阱。我们始终都要相信，天上不会掉馅饼，只会掉陷阱。如果有人在不欠我们人情的情况下，突然主动送“美人”来，那么我们就要认真分析一下，在这“美人”背后是否有阴谋存在。如果发现有可疑之处，就应立即警觉起来，远远躲开敌人的圈套。

第二，巧妙运用反间计，反其道而行之。一旦发现敌人用“美人计”来窃取我们的重要情报，我们也可用反间计来应对。所谓反间计，就是指收买或利用敌方派来的间谍为我效力。这里所说的“间谍”也是“美人”的一种。“美人”可以指人，也可以指物。如果是人，我们就可以攻心，人皆有感情，“美人”也可以被收买和感化，如果敌人送来的是物，我们可假装中计而收下。

第三，分析“美人”利害，果断采取相应策略。如果发现“美人”对壮大我们的实力是不可或缺的，不妨先收下来，再根据情况严加防范。假如“美人”对我们并非至关重要，就要毫不犹豫地将其拒之门外。在已掌握了一定的证据时，要当场拆穿敌人的阴谋，绝不能手软，更不能被其光怪陆离的表象所迷惑。

第四，修炼身心，磨炼意志，抵御各种诱惑。如果我们心诚志坚，不贪声色，思想上有一道钢铁般的壁垒，那么，无论何种糖衣炮弹，都无法将我们摧毁。

勾践送西施

春秋时期，越王勾践败于吴王夫差。夫差罚勾践夫妇在吴国王宫里服劳役，借以羞辱他。勾践在夫差面前卑躬屈膝，百般逢迎，骗取了夫差的信任，最终放他回到越国。后来越国趁火打劫，消灭了吴国，逼得夫差拔剑自刎。

那勾践所趁之“火”是怎样烧起来的呢？原来勾践成功地使用了“美人计”。勾践被释放回越国之后，卧薪尝胆，不忘雪耻。吴国强大，靠武力，越国不能取胜。越大夫文种向他献上一计：“高飞之鸟，死于美食，深泉之鱼，死于芳饵，要想复国雪耻，应投其所好，衰其斗志，这样，可置夫差于死地。”于是勾践挑选了两名绝代佳人：西施、郑旦，送给夫差，并年年向吴王进献珍奇珠宝。夫差认为勾践已被他臣服，所以一点也不怀疑。夫差整日与美人饮酒作乐，连大臣伍子胥的劝谏也完全听不进去。后来，吴国进攻齐国，勾践还出兵帮助吴王伐齐，借以表示忠心，麻痹夫差。吴国打胜之后，勾践还亲自到吴国祝贺。

清代画家赫达资笔下的西施

夫差贪恋女色，一天比一天厉害，根本不过问政事。伍子胥力谏无效，反被逼自尽。勾践看在眼里，喜在心中。公元前 482 年，吴国大旱，勾践乘夫差北上会盟之时，突出奇兵伐吴，吴国被越国打败，夫差只能一死了之。

王允献貂蝉

汉献帝九岁登基，朝廷由董卓专权。董卓为人阴险，滥施杀戮，并有谋朝篡位的野心。满朝文武，对董卓又恨又怕。

司徒王允，十分担心，朝廷出了这样一个奸贼，不除掉他，朝廷难保。但董卓势力强大，正面攻击，没有人斗得过他。董卓身旁有一义子，名叫吕布，骁勇异常，忠心保护董卓。

王允观察这“父子”二人，狼狈为奸，不可一世，但有一个共同的弱点：皆是好色之徒。何不用“美人计”，让他们互相残杀，以除奸贼？

王允府中有一歌女，名叫貂蝉。这个歌女，不但色艺俱佳，而且深明大义。王允向貂蝉提出用美人计来诛杀董卓的计划。貂蝉为感激王允对自己的恩德，决心牺牲自己，为民除害。

貂蝉画像

在一次私人宴会上，王允主动提出将自己的“女儿”貂蝉许配给吕布。吕布见这一绝色美人，喜不自胜，十分感激王允。二人决定选择吉日完婚。第二天，王允又请董卓到家里来，酒席筵间，要貂蝉献舞。董卓一见，馋

涎欲滴。王允说："太师如果喜欢，我就把这个歌女奉送给太师。"老贼假意推让一番，便高兴地把貂蝉带回府中去了。

吕布得知后大怒，当面斥责王允。王允编出一番巧言哄骗吕布。他说："太师要看看自己的儿媳妇，我怎敢违命！太师说今天是良辰吉日，决定带回府去与将军成亲。"吕布信以为真，等待董卓给他办喜事。过了几天没有动静，再一打听，原来董卓早已把貂蝉据为己有。吕布一时也没了主意。

一日董卓上朝，忽然不见身后的吕布，心生疑虑，马上赶回府中。在后花园凤仪亭内，吕布与貂蝉抱在一起，他顿时大怒，用戟朝吕布刺去。吕布用手一挡，没能击中。吕布怒气冲冲离开太师府。原来，吕布与貂蝉私自约会，貂蝉按王允之计，挑拨他们的父子关系，大骂董卓夺了吕布所爱。

王允见时机成熟，邀吕布到密室商议。王允大骂董贼强占了女儿，夺去了将军的妻子，实在可恨。吕布咬牙切齿，说："不是看我们是父子关系，我真想宰了他。"王允忙说："将军错了，你姓吕，他姓董，算什么父子？再说，他抢占你的妻子，用戟刺杀你，哪里还有什么父子之情？"吕布说："感谢司徒的提醒，不杀老贼誓不为人！"

王允见吕布已下决心，他立即假传圣旨，召董卓上朝受禅。董卓耀武扬威，进宫受禅。不料吕布突然一戟，直穿老贼咽喉。奸贼已除，朝廷内外，人人拍手称快。

麦当劳吸引儿童

调查表明，一家人去哪一家餐厅吃饭有些时候是由孩子决定的。在孩子的百般纠缠之下，一家人大多会走进孩子喜欢的餐厅。

麦当劳发现了这一商机，于是采取了一系列有力的措施。他们经常在

播放儿童节目的时间做广告，麦当劳公司的广告经验和模式是食物、人物与快乐的组合。

麦当劳的广告都是一个个十分有趣的故事，以此来让观众明白，来麦当劳用餐是一件多么有情趣的事情。当然，在每个故事的后面都会醒目地打出麦当劳的名称和商标。故事应该是为公司服务的，而不应当抢走了广告的戏。不然，人家还不知道是谁在做广告呢！

麦当劳 LOGO

麦当劳还曾经雇用小丑波索为公司做广告。波索是美国国家广播公司的华盛顿台开辟的儿童节目“波索马戏团”里面的人物，由不同的演员扮演，在全国各地演出。每周，小丑波索都要在电视里对小朋友毫不含糊地说：“叫爸爸妈妈带你到麦当劳去哟！”他那真诚而快乐的声调完全攫取了小观众们的心。波索成了麦当劳的代言人。可以想象，这个节目是全国性的联播节目，又是最吸引儿童的节目，儿童又是麦当劳的主要顾客，小丑波索对麦当劳的宣传作用是极其巨大的。

1965 年，“麦当劳叔叔”正式上广告——全国性的电视广告。现在，在儿童的心目中，能和“麦当劳叔叔”争夺地位的，就只剩下圣诞老人了。“麦当劳叔叔”不仅在饮食业中，即使是在饮食业之外，也占有着无与伦比的地位。

其他如汉堡神偷、吉事汉堡市长、麦克警察以及奶昔小精灵等儿童故事人物，也都是麦当劳餐厅乐园中最受欢迎的人物，也成为了许多麦当劳广告中的主角。

大张旗鼓地塑造儿童故事人物，进行多种趣味的广告，这已经是麦当劳餐厅的一大特色了。

为了吸引儿童，全球有 30% 的麦当劳餐厅中设有儿童游乐区。

想当初，麦当劳创始人雷·克罗克曾说：“我们的餐厅不是饮食业的，而是娱乐业的。”

他们这么说，也这么做了。麦当劳终于赢来了儿童市场。

当前，在美国全国儿童速食市场中，麦当劳的占有率为 42%。

麦当劳正是通过抓卡通娱乐这个“美人计”，吸引无数孩子的目光，让家长们乖乖掏腰包的。不得不说，麦当劳的谋略真是堪称一绝！

雷·克罗克

第三十二计　空城计

【原　文】

虚者虚之，疑中生疑[①]；刚柔之际[②]，奇而复奇。

【注　释】

①虚者虚之，疑中生疑：第一个“虚”为名词，意为空虚的，第二个“虚”为动词，使动，意为让它空虚。全句意：空虚的就让它空虚，使他在疑惑中更加疑惑。

②刚柔之际：语出《易经·解》卦。解，卦名。本卦为异卦相叠（坎下震上）。上卦为震为雷，下卦为坎为雨。雷雨交加，荡涤宇内，万象更新，万物萌生，故卦名为解。解，险难解除，物情舒缓。本卦《象》辞说：“刚柔之际，义无咎也”，是使刚与柔相互交会，没有灾难。

【译　文】

在自己兵力虚弱之时，不加掩饰，还故意让对方看到自己防备空虚的

样子，就会让敌人不知底细，对己方的实力产生怀疑，从而认为己方是在弄虚作假。刚强和柔弱碰撞的时候，用这种阴柔的办法去对付刚强的敌人，属于奇法中的奇法。

编者解读

自古兵家最讲究“兵不厌诈”，“空城计”是一种攻心战术。在己方无力守城的情况下，故意向敌人释放混乱信息，扰乱敌方的判断。

古人用兵，讲究的是“虚者实之，实者虚之”，强调隐真示假，迷惑对方。“空城计”却打破以往兵家的常规用法，以违背常理的做法，甚至冒险故意暴露自己的弱点，使敌人疑虑重重，不敢进攻，也就是所谓“疑中生疑”。使用此计，要注意以下几点。

第一，要择机而行，尽量慎用。“空城计”是在形势危急的情况下采用的疑阵，借以迷惑敌人，渡过险关。一方面，这种方法多是在敌强我弱、兵临城下的态势下采取的一种应急措施，如果被敌人识破，乘虚而入，是十分危险的。另一方面，“空城计”能否成功，取决于敌人最终的行动。也就是说，虽然计谋主动权在己方，但最终效果取决于敌方的反应。因而，“空城计”是悬而又悬的“险策”，多数情况下只能作为缓兵之计。此外，现代战争中，随着科技的迅猛发展，侦察手段越来越多，要想隐藏真实实力，欺骗迷惑敌人，难度也越来越大。因此，“空城计”要在确保敌方不清楚己方真实实力和意图的前提下，择机而行，尽量慎用。

第二，要了解对手，因敌而用。“空城计”与其说是一招作战计谋，不如说是一场心理博弈。使用此计的关键是要清楚了解并掌握敌方将帅的心理状况和性格特征。在某些情况下，敌方指挥官越是谨慎多疑，效果就会越好。

第三，要结合形势，因情而用。“空城计”主要体现《孙子兵法·虚实》中“兵无常势”的思想，既不按刻板的模式，也没有固定的套路，而是根据不同情况和形势，制定不同的应对策略，核心思想是“随机应变以制胜”。也就是说，“空城计”并不一定要以“空城示之以空”的方式使用，而要结合形势，因情而用。只要能在心理上威慑对方，一样可以达到己方目的。

当敌人运用“空城计”时，我们可以采取以下防范措施。

第一，多次试探，以明虚实。多么狡猾的狐狸，都无法逃过猎人警觉的眼睛。试探的方法有很多种，比如用“打草惊蛇”之法进行侦察，以求

探明敌人兵力部署的强弱虚实。这种试探要重复多次，一次两次的话，敌人可能伪装得很好，不会露出任何破绽，但绝对经受不住来自各个方面的多次试探，如果敌人对我们的试探一直不做任何反应的话，就说明他们已经发现了我们的意图。此时我们可以随机应变，将计就计，看准机会来一个“无中生有”，让其措手不及无力应对，只好乖乖束手就擒。

第二，与敌相持，以定虚实。在经过多次试探之后，依然不能作出正确的判断，就可以在“空城”之外耐心等候，以静观其变的方法探其虚实。凡采用“虚而虚之”计谋的人，因其自身的力量较弱，所以心理上也会“虚”，他时刻都得承受强大的心理压力。所以，这决定了敌人不可能伪装得太久，时间一长，他总会坚持不住，难免露出马脚。

第三，全面分析，以辨虚实。所谓的“全面分析”，就是既要从时间上进行纵向分析，又要从空间上进行横向分析；既要根据各种情况分析其绝对实力，也要根据敌我的对比分析其相对实力。只有这样，我们才能作出正确的判断，而不至于被敌人制造的假象所蒙蔽。

聪明的叔詹

春秋时期，楚国的令尹公子元，在他哥哥楚文王死了之后，非常想占有漂亮的嫂子文夫人。他用各种方法去讨好，文夫人却无动于衷。于是他想建立功业，显显自己的能耐，以此讨得文夫人的欢心。

公元前 666 年，公子元亲率兵车六百乘，浩浩荡荡，攻打郑国。楚国大军一路连下几城，直逼郑国国都。郑国国力较弱，都城内更是兵力空虚，无法抵挡楚军的进犯。郑国危在旦夕，群臣慌乱，有的主张纳款请和，有的主张拼一死战，有的主张固守待援。这几种主张都难解郑国之危。上卿叔詹说：“请和与决战都非上策。固守待援，倒是可取的方案。郑国和齐

国订有盟约，而今我国有难，齐国会出兵相助。只是空谈固守，恐怕也难守住。公子元伐郑，实际上是想邀功图名讨好文夫人。他一定急于求成，又特别害怕失败。我有一计，可退楚军。”

郑国按叔詹的计策，在城内作了安排。士兵全部埋伏起来，不让敌人看见一兵一卒。店铺照常开门，百姓往来如常，不准露一丝慌乱之色。城门大开，吊桥放下，摆出完全不设防的样子。楚军先锋到达郑国都城城下，见此情景，心里起了怀疑，莫非城中有埋伏，诱我中计？他不敢妄动，只能等待公子元。公子元赶到城下，也觉得好生奇怪。他率众将到城外高地眺望，见城中确实空虚，但又隐隐约约看到了郑国的旋旗甲士。公子元认为其中有诈，不可贸然进攻，需要先进城探听虚实，于是按兵不动。

这时，齐国接到郑国的求援信，已联合鲁、宋两国发兵救郑。公子元闻报，知道三国兵到，楚军定不能胜。好在也打了几个胜仗，还是赶快撤退为妙。他害怕撤退时郑国军队会出城追击，于是下令全军连夜撤走，人衔枚，马裹蹄，不出一点声响。所有营寨都不拆走，族旗照旧飘扬。

第二天清晨，叔詹登城一望，说道：“楚军已经撤走。”众人见敌营旌旗招展，不信已经撤军。叔詹说：“如果营中有人，怎会有那样多的飞鸟盘旋上下？他也用空城计欺骗我，急忙撤兵了。”

沉着的李广

西汉时期，北方匈奴势力逐渐强大，不断兴兵进犯中原。飞将军李广任上郡太守，抵挡匈奴南进。一天，皇帝派到上郡的宦官带人外出打猎，遭到三个匈奴兵袭击，宦官受伤逃回。李广大怒，亲自率领一百名骑兵前去追击。一直追了几十里地，终于追上，杀了两名，活捉一名，正准备回营时，忽然发现有数千名匈奴骑兵也向这里开来。匈奴队伍也发现了李广，但看见李广只有百名骑兵，以为是为大部队诱敌的前锋，不敢贸然攻击，急忙上山摆开阵势，观察动静。

李广的骑兵非常恐慌。李广沉着地稳住队伍：“我们只有百余骑，离我们的大营有几十里远。如果我们逃跑，匈奴骑兵肯会追杀我们。如果我们按兵不动，敌人肯定会疑心我们有大部队行动，他们是绝不敢轻易进攻的。现在，我们继续前进。”到了离敌阵仅二里地光景的地方，李广下令：“全体下马休息。”李广的士兵卸下马鞍，悠闲地躺在草地上休息，看着战马在一旁津津有味地吃草。

匈奴部将感到十分奇怪，派了一名军官出阵观察形势。李广立即上马，冲杀过去，一箭射死了那个军官。然后又回到原地，继续休息。匈奴部将见此情形，更加恐慌，料定李广胸有成竹，附近定有伏兵。天黑以后，李广的人马仍无动静。匈奴部将怕遭到李广大部队的突袭，慌慌张张引兵逃跑了。李广带领百名骑兵安全返回了大营。

当代画家许勇笔下的李广

哈瑞尔公司的奇谋

20 世纪 60 年代初，美国的威尔逊·哈瑞尔公司生产的“处方 409”喷雾剂占据美国喷雾清洁剂市场的一半份额。波克特甘宝公司（宝洁公司）

决心夺取哈瑞尔公司的市场，便投入大量资金，研制成功了一种新型喷雾清洁剂，取名叫“新奇”。

“新奇”无论是包装还是质量，均优于“处方409”，波克特甘宝公司信心十足地准备打败小小的哈瑞尔公司，占有其市场。

哈瑞尔公司探知波克特甘宝公司研制“新奇”的消息，并了解到对手将在丹佛市试销“新奇”，于是哈瑞尔公司精心安排对策。

在波克特甘宝公司的试销小组进入丹佛市前夕，深受家庭主妇喜爱的“处方409”突然脱销。正当客户们因买不到自己喜爱的商品而烦恼之际，恰好“新奇”上市了，主妇们抱着应急的心情购买了“新奇”。新产品在市场上大获成功，试销小组成员大喜过望，立即电告总部：可以全面投入生产。

波克特甘宝公司的试销小组刚撤出丹佛市，哈瑞尔公司立即开始行动。它把16盎司和半加化装的“处方409”包装在一起，低价推出。这样一来，凡购买大容量特价“处方409”的家庭，半年都不必再买喷雾清洁剂了。

波克特甘宝公司还蒙在鼓里，大量生产“新奇”，投入大笔资金在全国大做广告，展开全面攻势等待捷报传来。而这时消费者已经用不着再购买喷雾清洁剂了。几个月过去，“新奇”的销量低得可怜。

波克特甘宝公司的高级主管们大失所望。最后他们泄气了，决定撤出喷雾清洁剂市场。不久，“新奇”从商店货架上消失，哈瑞尔公司稳稳地保住了自己的市场。

第三十三计　反间计

【原　文】

疑中之疑①。比之自内，不自失也②。

【注　释】

①疑中之疑：意为在疑阵中再布疑阵。

②比之自内，不自失也：语出《易经·比》卦。比，卦名。本卦为异卦相叠（坤下坎上）。上卦为坎，为相依相赖，故名“比”。本卦《象》辞说：“比之自内，不自失也。”

【译　文】

在敌方的疑阵中布置己方的疑阵，即反用敌人安插在己方的间谍传递假情报。这样，敌方的间谍不仅无用，而且还会成为祸害。如此就不会导致己方的失败。

编者解读

在战争中，双方使用间谍是十分常见的。《孙子兵法》就特别强调间谍的作用，认为将帅打仗必须事先了解敌方情况。要准确掌握敌方的情况，不可靠鬼神，不可靠经验，“必取于人，知敌之情者也”。这里的“人”，就是间谍。既然有“用间”，则必然有“反间”。“反间计”大致可分两种，一是设法收买敌方间谍，为己效力；二是设法欺骗敌方间谍，诱使敌人上当受骗。

对于第一种使用“反间计”的情况，要收买对方间谍，首先要捕获对方间谍，然后在不公开审判的情况下，对其威逼利诱、劝导收买，使其继续给敌方提供情报。当然这种情报是价值较低或虚假的，目的是迷惑和欺骗对方，或以假情报换取真情报，以低价值情报换取高价值情报，为我方创造有利态势。在这一过程中要注意两点：一是确保牢牢控制对方间谍。对方间谍被利诱收买说明其立场容易动摇，其既然能被己方收买，也有可能被其他势力收买。历史上，“三面间谍”甚至“多面间谍”不胜枚举，因此，要使用多种手段，确保牢牢控制对方间谍，掌握情报主动权。二是对于对方间谍提供的情报，要综合采取多种手段印证核实。如难以核实，那么对于此类情报的使用要保持慎重态度，绝不能完全依赖此类情报实施作战行动，防止掉入敌方精心设计的陷阱。

对于第二种使用“反间计”的情况，要欺骗对方间谍，首先要识破对方身份，然后不动声色，将计就计，故意传递给他一些虚假情报。当对方信以为真，就会不知不觉按照己方意图和计划行事。在这一过程中，同样要注意两点：一是巧妙布局，隐真示假。当识破对方间谍身份后，如何巧妙传递假情报，同时隐蔽自身活动和意图，避免被对方察觉，是反间计能否成功实施的关键。二是要注重后续的作战行动。在成功迷惑和欺骗敌人后，如果没有后续作战行动，那么前期的计谋就失去了意义。

此外，无论是收买还是欺骗对方间谍，都要高度重视保密问题。孙子指出“上智为间”，而“反间计”更是用间手段中最微妙、难度最大的一种，

任何细节上的疏忽和不慎都有可能招致满盘皆输。因此，凡属重要信息，特别是关键信息，绝对不能泄露。要将信息牢牢控制在必要范围内，不仅要对于所有无关人员严加封锁消息，对于有可能接触对方的己方人员也同样要严格保密，防止信息有意或无意被泄露。

当敌人采用“反间计”时，我们可以采取以下防范措施。

第一，在选择间谍时要慎重，反复审查，及时发现疑点，并及时将有问题的人员淘汰出局。此外，除了派出时要对其进行考察，在以后的活动中也要反复进行考察，发现疑点要及时对其审问，并将其淘汰出局。只有这样，才能防止自相残杀的悲剧发生。

第二，为防情报泄露，要让间谍“蒙在鼓里”。凡属重要信息，特别是关键时刻的重要信息，都绝对不能随便泄露。不仅要对所有无关的人员严加封锁，对有可能接触到对方人员的间谍也要严加保密。

第三，多方印证，多处考究，以证实所获情报的真实性以及防止间谍被收买利用。我们可以多方位派出若干间谍，让他们从不同侧面获取情报。这样我们不但可以得到主体的信息，同时还可以让各方面的信息相互印证。一旦有人叛变，我们就可以马上发现；一个间谍出了问题，其余的间谍立即可以弥补空缺。

需要注意的是，即使我们派出去的间谍未被收买，他所获取的情报也不一定就是真实可靠的。敌人很有可能已发现我方的间谍，但假装不知，故意向我们的间谍透露虚假的信息。

周瑜反间曹操

三国时期，赤壁大战前夕，周瑜巧用反间计杀了精通水战的叛将蔡瑁、张允。

当时，曹操率领数十万大军，准备渡过长江，占据南方。虽然孙权和刘备联合抗曹，但兵力却比曹军要少得多。曹操的队伍都由北方骑兵组成，善于骑马在陆上作战，但不善于水战。正好有两个精通水战的降将蔡瑁、张允可以为曹操训练水军。曹操把这两个人当作宝贝，优待有加。一次东吴主帅周瑜见对岸曹军在水中排阵，井井有条，十分在行，心中大惊。他想一定要除掉这两个心腹大患。曹操一贯爱才，他知道周瑜年轻有为，是个军事奇才，很想拉拢他。曹营谋士蒋干自称与周瑜曾是同窗好友，愿意过江劝降。曹操当即让蒋干过江说服周瑜。

周瑜见蒋干过江，一个反间计就已经酝酿成熟了。他热情款待蒋干，酒席筵上，周瑜让众将作陪，炫耀武力，并规定只叙友情，不谈军事，堵住了蒋干的嘴巴。周瑜佯装大醉，约蒋干同床共眠。蒋干见周瑜不让他提及劝降之事，心中不安，哪里能够入睡。他偷偷下床，见周瑜案上有一封信。便偷看了信，原来是蔡瑁、张允写来，约定与周瑜里应外合，击败曹操。这时，周瑜说着梦话，翻了翻身子，吓得蒋干连忙上床。过了一会儿，忽然有人要见周瑜，周瑜起身和来人谈话，还装作故意看看蒋干是否睡熟。蒋干装作沉睡的样子，只听周瑜他们小声谈话，听不清楚，只听见提到蔡瑁、张允二人。于是蒋干对蔡瑁、张允二人和周瑜里应外合的计划确认无疑。

他连夜赶回曹营，让曹操看了周瑜伪造的信件，曹操顿时火起，杀了蔡瑁、张允。等曹操冷静下来，才知中了周瑜反间之计，但已无可奈何了。

韩世忠利用投降派

南宋初期，宋高宗害怕金兵，不敢抵抗，朝中投降派得势。主战的著名将领宗泽、岳飞、韩世忠等坚持抗击金兵，使金兵不敢轻易南下。

南宋刘松年《中兴四将岳飞、张俊、韩世忠、刘光世图》（韩世忠为右起第四人）

1134年，韩世忠镇守扬州。南宋朝廷派魏良臣、王绘等去金营议和。二人北上，经过扬州。韩世忠心里极不高兴，生怕二人为讨好敌人，泄露军情。可他转念一想，何不利用这两个家伙传递一些假情报。等二人经过扬州时，韩世忠故意派出一支部队开出东门。二人忙问军队去向，回答说是开去防守江口的先头部队。二人进城，见到韩世忠。忽然一再有流星庚牌送到。韩世忠故意让二人看，原来是朝廷催促韩世忠马上移营守江。

第二天，二人离开扬州，前往金营。为了讨好金军大将聂呼贝勒，他们告诉他韩世忠接到朝廷命令，已率部移营守江。聂呼贝勒送二人往金兀术处谈判，自己立即调兵遣将。韩世忠移营守江，扬州城内空虚，正好夺取。于是，聂呼贝勒亲自率领精锐骑兵向扬州挺进。

韩世忠送走二人后，急令“先头部队”返回，在扬州北面大仪镇（今江苏仪征东北）的二十多处设下埋伏，形成包围圈，等待金兵。金兵大军一到，韩世忠率少数兵士迎战，边战边退，把金兵引入伏击圈。只听一声炮响，宋军伏兵从四面杀出，金兵乱了阵脚，一败涂地，主帅仓皇逃命。金兀术大怒，将送假情报的两个投降派关了起来。

古尔德智斗威廉

美国内战期间，西联电报公司在美国处于垄断地位，其总经理是诡计多端的康内留斯·范德比尔特。杰伊·古尔德早就看上了西联电报公司，只是老范德比尔特不好对付，只好等待时机。老范德比尔特死后，由其大儿子威廉·范德比尔特继任老板。古尔德看到时机已到，想出一着妙棋。

古尔德先花了100万美元开了一条新电报线路，成立了太平大西洋电报公司。威廉·范德比尔特意识到了古尔德的威胁，立即派人与他谈判。经过讨价还价，威廉以500万美元买下了太平大西洋公司。太平大西洋公司的设备及人马全都转入了西联电报公司。而且，由于知识与技术的原因，

太平大西洋公司的艾克特还担任了西联公司的总工程师。威廉·范德比尔特十分得意，认为不仅扩大了公司的实力，而且还引进了一员虎将。

康内留斯·范德比尔特

后来爱迪生发明了四重发报机，比原来的电报效率提高了一倍以上。西联公司派艾克特与爱迪生谈判。临行前，威廉叮嘱艾克特要用低于5万美元的价格收买爱迪生的专利。威廉·范德比尔特自认为西联是一家垄断公司，爱迪生别无选择，一定稳操胜券。

然而，艾克特是古尔德预先设下的内线。他一边与爱迪生谈判，一边把谈判的进展告诉古尔德。

在谈判的第一天夜间10点，古尔德与艾克特一同乘车赶到爱迪生家，把爱迪生请上马车，然后直奔古尔德公馆而去。

一到古尔德家，艾克特忙说：“我今天上午跟你谈判的时候，是代表西联公司。现在我代表的是刚刚成立的美联电报公司。我与古尔德先生愿意出10万美元收买你的专利，而且要请你出任本公司的总工程师，薪水好说。”爱迪生是科学家，不懂生意经，他觉得这个条件比西联公司的好多了，因此就应诺下来。

古尔德在撤走西联公司总工程师和掌握爱迪生这张王牌的形势下，要挟西联。威廉·范德比尔特大呼上当，然而又束手无策，只好同意两家公司合并，由古尔德任总经理。

古尔德把刚成立的太平大西洋公司卖给威廉，并非投降，其目的是在西联公司中安插自己的人马，从内部搞垮威廉。他一夜之间夺得宝座是由于能抓住时机，利用了爱迪生这张王牌。可以想象，威廉如果不答应古尔德的条件，西联公司肯定会走向破产。

第三十四计　苦肉计

【原　文】

人不自害，受害必真；假真真假，间以得行[①]。童蒙之吉，顺以巽也[②]。

【注　释】

①人不自害，受害必真；假真真假，间以得行：（正常情况下）人不会自我伤害，若他受害必然是真情；（利用这种常理）我则以假作真，以真作假，那么离间计就可施行了。

②童蒙之吉，顺以巽也：语出《易经·蒙》卦。本卦《象》辞说：“童蒙之吉，顺以巽也。”本意是说幼稚蒙昧之人所以吉利，是因为柔顺服从。

【译　文】

人从来不会自己伤害自己，如果受到伤害必然是真的，同时别人也会认为是真实被害。那么，如果己方此时以假作真，让敌方信而不疑，便可从中使用离间计了。这就如同蒙骗幼童一样，对敌方进行蒙骗，让他们被己方操纵。

编者解读

“苦肉计”其实是一种特殊的用间计，旨在趁机钻入敌人的心脏，骗取敌将的信任，从而实现己方的意图。而之所以能成功，原因之一便是“人不自害”，这是人们的一种心理定式。但施行“苦肉计”时一定要慎重，自我伤害是非常痛苦的事情，成功率也较低。如果敌人是铁石心肠或者多谋善断者，就更不容易使其上钩。最后即便是勉强成功了，胜利的果实中也包含了己方太多的血泪，代价过于沉重。因为危险性很大，一旦施用时被识破，不但自我伤害之苦要白白忍受，连性命都有可能保不住，落个弄巧成拙的悲惨结局。因此，非到万不得已，一般不能轻易使用这个非常危险的谋略。

要想用好“苦肉计”，需要注意以下几点。

第一，要抓住核心，明确作战意图，敢于牺牲奉献。作战时，各级指挥官要有大局观，清楚认识当前的主要矛盾和次要矛盾，辩证思考敌我双方的优劣形势，尽早找到取得胜利的关键因素，并理智进行取舍。特别是在现代战争高强度、高烈度条件下，指挥官要想部队在激战中毫发无损是不可能的，此时为达成作战目的，以牺牲部分利益取得最终胜利无疑是值得的。因此，为取得长远、决定性优势，指挥官需勇于决断、敢于下决心牺牲己方部分利益，从而营造足以迷惑对手的假象，达成作战突然性。反之，倘若指挥官始终纠结于一兵一卒、一城一地之得失，便容易犯目光短浅的错误，最终落得“捡了芝麻丢了西瓜”的结果。

第二，要随机应变，灵活运用资源，避免两难境地。“苦肉计”在施用过程中，要避免陷入“赔了夫人又折兵”的境地，即在己方为施用此计作出牺牲的情况下，还难以实现预想中欺骗敌方的意图。这就需要指挥官随机应变，根据敌我情况的变化调整计谋施用的具体方法，保证计谋的效果。同时，指挥官要灵活运用资源，为此计的成功施用提供掩护，采取配合行动。这一切都是为了把“假”演“真”，欺骗迷惑敌方。还需要注意的是，施用“苦肉计”必须有其他行动跟进配合，扩大“苦肉计”所创造的机会，这样才能实现战胜敌方的最终作战目标；否则，之前为用计所作的牺牲只能被白白浪费。

现代战争中，随着侦察手段和方法的进步，战场的透明度越来越高。此时，我们在择机实施“苦肉计”的同时，更要严防敌方的“苦肉计”，并加以破解，这就需要指挥官进行综合分析，因势利导，时刻把握战场主动权。具体而言，可以采用以下两种方式。

第一，当面揭穿。特别是在现代战争信息透明度高的背景下，在敌方施用“苦肉计”时，己方需要及时灵活运用多种手段，将敌方行径公之于众，取得舆论上的优势，孤立敌方，使其“苦肉计”不攻自破。

第二，将计就计。发现敌方采用“苦肉计”后，最大化利用好当前资源，顺势而为，在隐忍不发的基础上，通过诱敌深入等手段麻痹敌方，迫使其中计上当，暴露其作战企图，从而将敌方优势转化为己方优势。

勾践尝粪便

越王勾践被吴王夫差打败后退守于会稽山上，不得不向夫差求和。夫差接受了勾践的请求，但前提条件是勾践要到吴国给夫差当仆人，勾践无奈答应了。

到吴国后，勾践住在山洞里。夫差每次外出，勾践都亲自为他牵马。有人辱骂勾践，勾践始终低眉顺眼，表现出一副驯服的神情。他表面上对夫差忠心耿耿，实际上却暗中策划复兴越国的方案。

有一次，夫差病了，勾践探望夫差，并亲口尝了尝夫差的粪便，然后对夫差说："我曾跟名医学过医道，只要尝一下病人粪便，就能知道病的轻重。刚才我尝了大王的粪便，味酸而苦，得了'时气之症'。但这种病很快就会好，请大王不必担心。"夫差听了很受感动，认为勾践比自己的儿子还孝顺，定无反叛之心，不久便允许勾践回到越国旧地。

回到越国后，勾践卧薪尝胆，苦身劳心，礼贤下士，招兵买马。二十年后，勾践终于报仇雪耻，灭了吴国。

勾践卧薪尝胆

周瑜打黄盖

赤壁大战之前，周瑜苦思破曹之计。一日深夜，老将黄盖来到帐中，商议破曹以火攻为好。周瑜说："我也这样想，所以才留下假投降的蔡氏兄弟，只是无人去曹营诈降。"黄盖自告奋勇，甘愿领此重任。当夜二人定下苦肉计。

第二天，周瑜传各路将军帐下议事，命大将们各领三个月粮草，准备抗敌。黄盖反对说：“不用三个月，如果这个月能破敌就破，不能破敌，早点投降！”周瑜听后大怒道：“我奉命督军破敌，你敢动摇军心，推出去斩了。”黄盖骄傲地说：“我是东吴三世重臣，南征北伐时，你还不知在哪呢？”在场的将领们跪下替黄盖求情。周瑜狠狠地说：“看在众将面上，可饶你不死，但要打一百军棍！”兵士们把黄盖推倒在地，没打到五十下，已皮开肉绽，鲜血直流，几次晕死过去。黄盖的好友阚泽，根据周瑜的安排，带着黄盖早已写好的投降书前去诈降。

黄盖画像

不久，曹操又接到蔡氏兄弟的密信，说只要见到插有青牙旗的船只就是黄盖来投降了。结果在赤壁一战中，黄盖引火船冲入曹营，大江之上一片通红，把曹操用铁链连起来的几千条战船烧成了灰烬。

偷技术的木村

20 世纪 60 年代初，日本的汽车工业远远落在美国的后面。为振兴汽车工业，日本一家汽车公司从高级职员中选出一批人才送到美国学习。名义上是学习，实际上却是为了获取技术情报。

木村就是这批人中的一个。他在美国学习了一年多，但美国公司从来不让他接近关键的设备。眼看就要回国了，木村心里十分着急。

这天，木村接到日本公司拍来的电报。电报内容如下："木村先生，如果你拿不到我们需要的东西，本公司就不再录用你了。"

这封电报可谓雪上加霜，木村心情更加沉闷，晚上一个人到酒馆里喝酒。半夜里，他摇摇晃晃地走在大街上，想到自己马上要失业了，突然产生了自杀的念头。正在这时，一辆高级轿车迎面开了过来，木村借着酒劲，一头撞了过去。汽车司机立即刹车，可是已经来不及了，车轮从木村的一条腿上碾过。

木村一下子昏了过去，等他醒来时发现自己躺在医院的病床上，旁边坐着几个美国人。

原来，木村是被美国一家汽车公司总经理的车撞倒的。总经理的秘书连连问木村有什么要求。木村顿时心头一亮，有了主意。他要求到这家美国公司当个清洁工，总经理毫不犹豫地答应了。

从此，这家美国公司多了一个十分卖力气的日本清洁工。一年后，木村提出回国探亲的要求，公司为他买了飞机票。回到日本，木村从假腿中取出了微型胶卷，交给了他原来工作的那家公司的老板。两年之后，这家日本公司生产的汽车以其先进的技术和卓绝的性能打入了美国市场，令美国人大吃一惊。直到有一天，当美国汽车公司的总经理在谈判桌上看到日本公司首席代表——一条腿的木村先生时，这才恍然大悟，但是为时已晚。

第三十五计　连环计

【原　文】

将多兵众，不可以敌，使其自累，以杀其势。在师中吉，承天宠也①。

【注　释】

①在师中吉，承天宠也：语出《易经·师》卦。本卦《象》辞说："在师中吉，承天宠也"，是说主帅身在军中指挥，吉利，因为得到上天的宠爱。

【译　文】

敌方兵力强大，不能硬打，应当运用谋略，让他们互相钳制，以削弱他们的实力，三军统帅如果用兵得法，就会像有天神保佑一样，克敌制胜。

编者解读

事物都是有联系的，联系之中又隐含着变化和机遇。“连环计”就是一计接着一计，把握和创造机遇。通常情况下，“连环计”意在诱敌“自累”，以“累”促变，而后图之。筹划时，应当一计累敌，另一计攻敌，两计并用，前计为后计的运用基础，后计为前计的扩张战果，紧密衔接，相互配合，方能取胜。

行动自由，是军队的命脉，“连环计”应重视钳制敌方行动自由，扩大己方行动自由。主动与被动是反映军事活动中是否拥有行动自主权的一对重要概念。力争主动，力避被动，是取得军事斗争胜利的重要条件，也是对军事活动的基本要求。“连环计”的用法很多，但根本目的都是从决定战争胜负的诸要素中，抓住敌人关键的弱点，施谋用计，钳制敌人的行动自由，进而掌握主动。此外，通过示利于敌，让对手在不知不觉中背上包袱，也是“连环计”的题中之义。

战争中，一计克敌的经典战例并不多见，更多是多计并用，夺取胜利，“连环计”更是充分体现了这一点。《兵法百篇》说：“善计者，因敌而生，因己而生，因古而生，因书而生，因天时、地利、事物而生，对法而生，反勘而生。”好的计谋，既知彼又知己，重视古代经验和兵书参考，遵循天时地利的客观条件，具体问题具体分析，不违背阴阳和谐之道，经得起正反两面及实践的检验。广义上说，《三十六计》中所有计谋，计与计、计与套、套与套都是首尾相顾的“连环计”，只有因敌用谋、因情施变、奇正配合、环环相扣，才能牢牢把握“致人而不致于人”的主动，最终克敌制胜。

“连环计”的运用，最重要的就是布局。只有布局周密完整，没有破绽漏洞，才能完美地施展。如果其中一环一计出问题，就很有可能造成牵一环而动全局、缺一计而弃前功的不良后果。

在使用“连环计”时，应该把握以下几个要点。

第一，将各环有机联系起来。各计谋之间相辅相成，便可做到一条计策失败，另一条计策马上接着实施，不让行动被迫中止。

第二，掌握各环节的特点，将其糅为一个整体。任何奇谋良计，都需要有相应的条件作为基础，计谋讲求连贯、配套，有系统性和系列性。

第三，巧使敌人“自累”，以耗其力。让敌人自累，是此计的关键。即在敌人内部制造矛盾，并扩大或激化他们的矛盾，使其内部发生变乱，产生内耗进而削弱力量。

第四，以利诱敌，予以重负。当我们不能在敌人内部制造矛盾使其“自累”时，就要根据敌人贪利的心理特点，主动给予某些利益让他们为了捞取利益而干扰或破坏原来的行动计划；或使其紧紧抓住这些利益，留而无用，弃之可惜，形成一个难以卸掉的大包袱，使他们难以发挥自身的优势。

当敌人运用“连环计”时，我们首先要搞好内部团结，避免让“窝里斗”耗费自己的实力。其次，要抵挡各种诱惑，以防上当受骗，误了战局。最后，必要的时候可以“走为上计”，逃离敌人环环相扣的计谋。

武则天铲除异己

武则天登上皇帝宝座后，受到许多朝中大臣和地方官员的反对。为保住皇位，铲除异己，武则天想出一个办法。她诏令天下：无论什么人，都可以直接进京面见皇帝，告发大逆不道的贪官污吏。告发属实者，授予一定的官职。即使告发不实，也不予以追究。

诏令一出，告密者蜂拥而至。被告有贪赃枉法的，有欺压百姓的，当然还有许多反对武则天当皇帝的。武则天选拔一批狡诈残忍的人处理这些案件，对那些反对自己的人格杀勿论。武则天用这种办法很快地铲除了异己。

在这里，武则天两计并用：表面上是肃贪，实则为消灭异己，明修栈道，暗度陈仓；自己不出面，任用酷吏处理案件，属于借刀杀人。

毕再遇智斗金军

宋代将领毕再遇曾经运用连环计，打过漂亮的仗。他分析金人强悍，骑兵尤其勇猛，如果正面交战往往会造成己方重大伤亡。所以他用兵主张抓住敌人的重大弱点，设法钳制敌人，并寻找良好的战机。

一次又与金兵相遇，他命令部队不得与敌人正面交锋，可采取游击流动战术。敌人前进，他就令队伍后撤，等敌人刚刚安顿下来，他又下令出击，等金兵全力反击时，他又率队伍跑得无影无踪。就这样，退退进进，打打停停，把金兵搞得疲惫不堪。金兵想打又打不着，想摆脱又摆脱不掉。

到夜晚，金军人困马乏，正准备回营休息。毕再遇准备了许多用香料煮好的黑豆，偷偷地撒在阵地上。然后，又突然袭击金军。金军无奈，只得尽力反击。毕再遇的部队与金军战不几时，又全部败退。金军气愤至极，乘胜追赶。谁知，金军战马一天来，东跑西追，又饿又渴，闻到地上有香喷喷的味道，用嘴一探，知道是可以填饱肚子的粮食。战马只顾一口口抢着吃，任你用鞭抽打，也不肯前进一步，金军调不动战马，在黑夜中，一时没了主意，变得十分混乱。毕再遇这时调集全部队伍，从四面包围过来，杀得金军人仰马翻，横尸遍野。

毕再遇画像

岛村的原价销售术

岛村芳雄是日本东京岛村产业公司的董事长，他原先在一家包装材料厂当店员，后来改行做麻绳生意，就在他做麻绳生意时，创出了“原价销售术”。

岛村的原价销售术很简单。首先，他以 5 角钱的价格到麻绳厂大量购进 45 厘米长的麻绳，然后原价卖给东京一带的纸袋生产厂。完全无利的生意做了一年后，“岛村绳索确实便宜”的名声远播，订货单从各地雪片般

飞来。此时，岛村开始按计划行事，他拿购货收据去订货客户处诉说：“如果让我继续为你们按照原来的价格供货的话，我便只有破产一条路可走了。”客户为他的诚实所感动，甘愿把交货价格提高到5角5分。

随后，岛村又与麻绳厂商洽：“你们卖给我一条5角钱，我一直是原价卖给别人，因此才得到这么多的订货单，你们的业务也因此才能扩大。我们的合作一直很愉快，所以我很愿意继续向你们进货。但是，如果还像现在这样无利而赔本，我就无法再经营下去了。请为我考虑一下，加以关照。不然我就只能关门不干，或另找出路了。”厂方一看他开给客户的收据存根，大吃一惊。这样甘愿不赚钱的生意人，麻绳厂还是第一次遇到。考虑到像岛村这样大的主顾不容易得到，如果岛村转从别的麻绳厂订货，自己损失会很大；派人去向这些用户推销，恐怕也不一定有这么好的效果。而且一年来，由于订货多，生产规模扩大，自己的成本已有所下降。于是，麻绳厂答应岛村，每条麻绳降价5分钱。

如此一来，以当时岛村芳雄一天1000万条麻绳的交货量计算，他一天的利润就是100万日元。创业两年后，他成为誉满日本的生意人。

岛村芳雄使用的“连环计”，第一步是用“李代桃僵”之计打入生产者与需求者之间；第二步则是用“抛砖引玉”之计得到纸袋生产厂让出的利润；第三步则用“上屋抽梯”之计，迫使麻绳厂让出部分利润。一环紧扣一环，终于让岛村获得了成功。

第三十六计　走为上计

【原　文】

全师避敌①。左次②无咎③，未失常也④。

【注　释】

①全师避敌：全军退却，避开强敌。

②次：驻扎。

③咎：危险。

④未失常也：语出《易经·师》卦。本卦《象》辞说：“左次无咎，未失常也。”是说军队在左边扎营，没有危险，（因为扎营或左边或右边，要依时情而定）并没有违背行军常识。

【译　文】

全军撤退，避开强敌，待机破敌，这并不违背行军用兵法则。在敌强我弱、己方取胜无望的情况下，主动有计划地撤退，使己方实力得以保存，也是一种以退为进、伺机破敌的谋略。

编者解读

战争中争取的并非一时的得失，而是最终的胜利。当己方处于弱势时，不要硬拼，及时撤退，寻找时机再战才是上策。要想有效运用“走为上计”，需要做到以下三点。

第一，深刻认识“走为上计”的意义。所谓“走为上计”，不意味着“走”就是《三十六计》中最高明的“上乘”计策，而是指在敌我力量悬殊的不利形势下，有计划地主动撤退，避开强敌，再寻战机，是最适合的办法。因为战场形势瞬息万变，谁都没有百战百胜的把握，“走”并非怯懦的表现，也不是英雄末路时不得已采取的权宜之计，而是通过主动退却，进行战略转移，保存实力，以图“东山再起”。所谓“留得青山在，不怕没柴烧”，保存实力，韬光养晦，才有重整旗鼓的可能。

第二，正确理解“走”的技巧。“走为上计”中的“走”，并不是“一窝蜂”地乱跑，更不是消极逃跑，而是有计划地主动退却。“走为上计”的运用，既要从大局着眼，不怕蒙受损失；更要有智慧，何时“走”，如何“走”，“走”向哪里，都需要高超的指挥艺术。因此，此计的关键，就是要正确掌握“走”的技巧。当敌强我弱时，通过巧妙的“走”来牵制、拖延和迷惑敌人，可在“分敌”和“疲敌”后创造战机“破敌”。而在双方旗鼓相当、势均力敌的情况下，“走为上计”作为一种趋利避害的策略，也可通过“走”来调动敌人，引诱敌人进入己方预设的埋伏圈。

需要强调的是，指挥官在作战开始前，既要考虑胜利的可能性，也应考虑失败后可能出现的各种局面，要提前计划好“走”的途径及方式，力求隐蔽、迅速地“走”。否则，就可能出现想“走”走不成，“兵败如山倒”的局面。

第三，充分把握使用“走为上计”的分寸。虽然“走为上计”强调“未失常也”，在战争中运用也比较普遍，但它属于“奇”计，本身并不符合战争根本目的，撤退只是一种寄希望于未来的不得已做法。战争中片面强调“走为上计”，会造成喧宾夺主的结果，甚至导致己方军心涣散。因此，

对于“走为上计”的使用，一定要掌握火候和分寸，从而确保战略或战术目的的达成。

要想防范敌人的“走为上计”，需要指挥官具备敏锐的洞察力和出众的智慧，见招拆招，掌握主动权。具体可采用四种方式：一是疏而不漏，即严密布置，使敌无隙可乘，无处可溜；二是一鼓作气，即对“网中之鱼、瓮中之鳖”尽快形成“关门打狗”之势；三是截断退路，即通过侦察，提前行动，在敌人可能撤退的路线设下埋伏；四是伺机而动，即对已逃跑的敌人既不拼命追赶，又不放任自流，要随时跟踪注意敌人新动向，待敌人惊魂未定时，伺机而动发起突然袭击。

楚军七次佯败

楚庄王为了扩张势力，发兵攻打庸国。由于庸国奋力抵抗，楚军一时难以推进。庸国在一次战斗中还俘虏了楚将杨窗。但由于庸国疏忽，三天后，杨窗竟从庸国逃了回来。杨窗报告了庸国的情况，说道：“庸国人人奋战，如果我们不调集主力大军，恐怕难以取胜。”

楚将师叔建议用佯装败退之计，以骄庸军。于是师叔带兵进攻，开战不久，楚军佯装难以招架，败下阵来，向后撤退。像这样一连几次，楚军节节败退。庸军七战七捷，不由得骄傲起来，更不把楚军放在眼里。军心麻痹，斗志渐渐松懈，戒备渐渐失去了。

这时，楚庄王率领增援部队赶来，师叔说：“我军已七次佯装败退，庸人已十分骄傲，现在正是发动总攻的大好时机。”楚庄王下令兵分两路进攻庸国。庸国将士正陶醉在胜利之中，怎么也不会想到楚军突然杀回，仓促应战，抵挡不住。楚军一举消灭了庸国。师叔七次佯装败退，是为了制造战机，一举歼敌。

楚庄王画像

刘邦巧妙脱身

公元前 206 年，西楚霸王项羽听说沛公刘邦攻取咸阳后欲在关中称王，十分恼怒。在谋臣范增的建议下，项羽在鸿门设下酒宴，准备在席间寻机刺杀刘邦。刘邦深知赴鸿门宴凶多吉少，但项羽兵强势壮，如果不去便会有须臾之祸。于是，刘邦带着谋士张良、武将樊哙以及卫士来到鸿门。入席后，刘邦对项羽说："我和将军并力攻秦，将军转战在黄河北，我作战于黄河南，但没料到我先攻进函谷关，打败秦军。现有坏人散布流言，使将军与我发生了误会。望将军三思而后行啊！"这番话说得项羽心软了。范增见项羽无意杀刘邦，找来项庄舞剑，想伺机刺杀刘邦。张良的好友项伯看出范增的用心，于是也拔剑起舞，不时用身体掩护刘邦，使项庄难以下手。

在这千钧一发之际，张良授意武将樊哙入帐。樊哙仗剑持盾闯进帐中，目视项羽，怒发冲冠。项羽赐他一碗酒和一条猪腿，樊哙狼吞虎咽地喝了酒吃了肉，然后陈述刘邦的劳苦功高和赤胆忠心，又指责项羽听信流言蜚语。

项羽一时无言以对。

刘邦借口上厕所，与张良、樊哙一同出帐。樊哙护送刘邦抄小路即刻脱身。张良估计二人已走远，才回帐向项羽辞谢道：“沛公不胜酒量，不能亲自向大王辞行，特地让我带来白璧一双、玉斗一双奉献给大王和范将军。”项羽问：“刘邦现在何处？”张良答道：“他听说大王要责备他，心中恐惧，现已返回霸上了。”范增听说刘邦偷偷跑了，气急败坏地砸碎玉斗，恼恨地说：“将来夺取项王天下的，一定是刘邦了。我们今后都要当他的俘虏了！”

在鸿门宴上，刘邦见项羽犹豫不决，以上厕所为名，借机脱身，确属明智之举。

日本江户时期
浮世绘画家歌川国贞笔下的樊哙

古为今用

果断的日立公司

20 世纪 60 年代初，日本日立公司为了扩大企业规模，发展生产，投入了大量资金，购买了新建厂房的建筑材料，还新添置了一些设备。这时，正赶上整个日本经济萧条时期，现有产品滞销，卖不出去，扩大企业规模的后果就可想而知了。

面对这一严峻情况，日立公司有两条路可供选择：一条路是继续投资；另一条路是停止投资和施工。日立公司经过认真讨论，最后果断决定走后一条路，停止投资，实行战略目标转移，把资金投放到其他方面，积蓄财力，待机发展。

经过实践证明，日立公司的决策是正确的。从 1962 年开始，日本三大电器公司中的东芝公司和三菱公司的营业额都有明显下降，但是日立公司的营业额一直到 1964 年仍在继续上升。

进入 20 世纪 60 年代后期，一个新的经营繁荣时期来到了，蓄势已久的日立公司不失时机地积极投资，于 1967 年投入了 102 亿日元，1968 年上半年销售额就突破了千亿日元大关，达 1220 亿日元。从效益上看，1966—1970 年，日立公司 5 年内销售额提高了 1.7 倍，利润提高了 1.8 倍。

HITACHI

日立公司 LOGO

参考文献

[1] 雅瑟．三十六计大全集 [M]．北京：新世界出版社，2010．

[2] 张琪．三十六计 [M]．济南：山东美术出版社，2012．

[3] 富强．孙子兵法 · 三十六计 [M]．杭州：浙江工商大学出版社，2017．

[4] 李明宇．三十六计全解 [M]．南京：南京出版社，2018．